碩学叢書
SEKIGAKU LIBRARY

Lead Users inside the Firm

企業内リードユーザー

渡邉裕也 著
WATANABE Yuya

小売店舗販売員がもたらす
イノベーションの解明

発行所:碩学舎／発売元:中央経済社

はしがき

　筆者は20年以上、アパレル製品の新製品開発に携わっている。その実務の経験の中で、いかにして新製品開発の精度を高めていくかという課題意識を持っていた。アパレル製品の平均消化率は約70％とされており（矢野経済研究所, 2023）、供給量の30％は消費者ニーズから乖離したものであるといえる。消費者ニーズを認識し、そのニーズに対して適切にソリューションを提案していくことが新製品開発の要諦である。一般的に、ニーズ知識は消費者側に存在し、ソリューション知識は企業側に存在する。つまり、企業が消費者側に存在するニーズを認識することが、新製品開発成功の第一段階であり、重要な点である。しかし、アパレル製品は消費者ニーズが多様であり、消費者ニーズの変化が速いという特徴を持ち、そのニーズを企業が認識することが難しいという側面がある。

　そのような実務的な課題を抱えている中で、筆者は法政大学の西川英彦先生と出会い、「ユーザーイノベーション」（von Hippel, 1976）という概念を知った。ユーザーイノベーションは、企業ではなく、ニーズ知識を持つユーザーがソリューションを発案し、魅力的なイノベーションを起こすことである（von Hippel, 1976）。その魅力的なイノベーションを起こすユーザーは、リードユーザーと呼ばれ（von Hippel, 1986）、研究が蓄積されていた。さらに、企業外に存在するリードユーザーが企業内にも存在することが明らかになり（Schweisfurth, 2012）、企業で活用されている事例（清水, 2019）があることを知った。筆者は、この企業内リードユーザーという概念に着目し、実務面での課題解決の1つの手段として捉えると同時に、学術的な研究を通じて、これまで明らかになっていない企業内リードユーザーの実態を明らかにしたいと考えた。

　本書は、筆者の学術的な探究意識と実務的課題解決の両側面からアプローチしたものである。学術的な側面では、ユーザーイノベーション研究の潮流である企業内リードユーザーの研究領域を拡張することで、学術的な貢献を目指し

た。実務的な側面においては、企業内リードユーザーの活用を、実務家として従事する新製品開発の課題に対する1つの解決策として捉えた。このような背景から、本書の読者はユーザーイノベーション研究に興味・関心のある研究者だけでなく、企業で新製品開発に携わる実務家を想定している。本書が、企業内リードユーザー研究の学術的な進展に貢献し、さらに、実際の企業にて企業内リードユーザーの活用によるイノベーションが促進される一助になれば幸いである。

目　次

はしがき　i

序　章　本書の概要 ―― 1
- 1．研究の背景と目的 ―― 2
- 2．イノベーションの源泉 ―― 5
- 3．企業内リードユーザーへの注目 ―― 6
- 4．役割の多様化する小売店舗販売員 ―― 8
- 5．本書の特徴 ―― 9
- 6．本書の構成 ―― 12

第1章　小売店舗販売員の創造性とイノベーション ―― 17
- 1．本章の概要 ―― 18
- 2．従業員の創造性とイノベーション ―― 19
  - 2-1　創造性とイノベーションの定義・19
  - 2-2　従業員の創造性に影響を与える要因・20
- 3．小売業店舗販売員の創造性とイノベーション ―― 25
  - 3-1　小売店舗販売員の役割・25
  - 3-2　小売店舗販売員の創造性とイノベーション・28
  - 3-3　小売店舗販売員の創造性に影響を及ぼす要因・32
- 4．本章のまとめ ―― 34

第2章　企業内リードユーザー ―― 37
- 1．本章の概要 ―― 38

2．ユーザーイノベーション ———————————— 39
- 2-1　ユーザーイノベーション研究の変遷・**39**
- 2-2　ユーザーイノベーションの特徴・**40**
- 2-3　企業が活用するユーザーイノベーションの手法・**43**

3．リードユーザー ———————————————————— 45

4．企業内リードユーザー ————————————————— 47

5．レビュー方法 ————————————————————— 49

6．企業内リードユーザーの特徴 ————————————— 49
- 6-1　リードユーザーとしての特徴・**50**
- 6-2　従業員としての特徴・**51**
- 6-3　企業内リードユーザーの在籍する企業の製品領域と職種・**53**

7．企業内リードユーザーによるイノベーション ————— 55
- 7-1　企業内リードユーザーによるアイデアの創造(発案、開発)・**55**
- 7-2　企業内リードユーザーによるアイデアの実行(実装、普及、起業)・**57**

8．本章のまとめと研究課題 ——————————————— 58
- 8-1　企業内リードユーザーによるイノベーションに関する研究課題・**60**
- 8-2　小売業と小売店舗販売員への着目・**62**

9．本研究の研究対象 ——————————————————— 63

第3章　小売店舗販売員によるイノベーション ———— 67

1．本章の概要 —————————————————————— 68

2．共創プロジェクト導入の背景 ————————————— 70

3．共創プロジェクトの概要 ——————————————— 71
- 3-1　アイデア募集・**71**
- 3-2　アイデア評価・**72**
- 3-3　チーム編成・**72**
- 3-4　企画開発・**72**
- 3-5　販　　促・**73**

3-6　販　　売・73
　4．共創プロジェクトにより生まれた新製品 ────────── 74
　5．本章のまとめ ─────────────────────── 76
　6．資　　料 ───────────────────────── 79

第4章　小売店舗販売員リードユーザーによる新製品開発への貢献 ── 83

　1．本章の概要 ─────────────────────── 84
　2．先行研究のレビュー ─────────────────── 84
　3．研究方法 ──────────────────────── 87
　　3-1　サンプルとデータ収集・87
　　3-2　分析方法・88
　4．研究結果 ──────────────────────── 90
　　4-1　リードユーザー特性（個人要因）・90
　　4-2　共創プロセス（文脈的要因）・93
　　4-3　自身のニーズと顧客ニーズの融合（顧客要因）・95
　5．本章のまとめ ─────────────────────── 97
　　5-1　考　　察・97
　　5-2　理論的貢献・100
　　5-3　実務的貢献・101
　　5-4　本研究の課題・102
　6．資　　料 ───────────────────────── 103
　　6-1　インタビュー調査　質問項目・103
　　6-2　コーディング引用例・104
　　6-3　リードユーザーネス測定尺度・112

第5章　小売店舗販売員リードユーザー発案製品の アイデア評価に影響を与える要因　113

1．本章の概要　114
2．先行研究のレビュー　115
 2-1　企業内リードユーザーのアイデア評価に影響を与える要因に関する先行研究・115
 2-2　市場志向、顧客志向に関する先行研究・117
 2-3　本節のまとめ・119
3．研究方法　119
 3-1　サンプルとデータ収集・120
 3-2　測　　定・120
 3-3　分析方法・122
4．研究結果　123
5．本章のまとめ　126
 5-1　考　　察・126
 5-2　理論的貢献・127
 5-3　実務的貢献・128
 5-4　本研究の課題・129
6．資　　料　130
 6-1　質問項目一覧（結果）・130
 6-2　質問項目一覧（原因条件）・130

第6章　小売店舗販売員リードユーザー発案製品の パフォーマンス評価　133

1．本章の概要　134
2．先行研究レビューと仮説構築　135
 2-1　リードユーザーを活用した製品開発とその課題・135

2-2　企業内リードユーザーを活用した新製品開発・137
　　2-3　共創による新製品開発・139
　3．研究方法 ─────────────────────────── 141
　　3-1　調査概要・141
　　3-2　変　　数・146
　4．研究結果 ─────────────────────────── 147
　　4-1　リードユーザーネスと製品パフォーマンス・147
　　4-2　開発手法と製品パフォーマンス・148
　5．本章のまとめ ───────────────────────── 149
　　5-1　考　　察・149
　　5-2　理論的貢献・151
　　5-3　実務的貢献・152
　　5-4　本研究の課題・153

終　章　結論と今後の研究課題 ───────────── 155

　1．全体のまとめ ───────────────────────── 156
　2．理論的貢献 ─────────────────────────── 160
　　2-1　企業内リードユーザー・160
　　2-2　小売店舗販売員・162
　3．実務的貢献 ─────────────────────────── 163
　　3-1　マーケティングマネジメント・163
　　3-2　人材マネジメント・165
　4．本研究の課題 ───────────────────────── 166
　5．今後の展望 ─────────────────────────── 168

あとがき　171
参考文献　173

序章
本書の概要[1]

1．研究の背景と目的

　「背景にあるのはミッション・ステートメントに定めた『自らもユーザーであるという立場』で考える姿勢だ。
　スノーピークは全社員がアウトドアの熱心なユーザーばかりだ。私自身ここ何十年を振り返ると、最も少なかった年でも30日ほどはキャンプに出かけているし、平均すると毎年40〜50日はキャンプをしている。それだけアウトドアが好きだし、ユーザーとして突き抜けていると思っている。（中略）そんな私が社長としてシビアにレビューして、開発陣も自分たちのほしい製品をきちんと作る。自分たちで徹底的にキャンプをしながら製品を開発しているからこそ、強風でもびくともしないテントができるし、徹底的に使い勝手のよいギアが生まれる。ここに他社との大きな違いがある。それだけにキャンプを何年も楽しんでいるベテランほど、スノーピーク製品の魅力を理解してもらえるはずだ。」（山井, 2021）

　キャンプ用品で日本有数のメーカーであるスノーピークは、社長をはじめとした社員全員が、アウトドア製品の熱心なユーザーである。そのユーザーとしての使用経験を通じて、徹底的に製品開発にこだわり、アウトドアユーザーから熱狂的な支持を受けている（山井, 2021）。自社が扱う製品カテゴリーの先進的なユーザーである従業員が、自身のユーザーとしての経験から製品開発や製品改良を行うことでイノベーションに貢献している事例である。趣味性の高い製品領域で多く報告されており、アウトドア用品やスポーツ用品の業界では、多く存在するとされている（Hyysalo, 2009; Yu, 2021）。
　一方では、作業服大手のワークマンにおいては、アンバサダーと呼ばれる社外に存在するユーザーを社内の新製品開発プロセスに組み込んでいる。作業服であるワークマンの製品を用途の異なるキャンプなどのアウトドアレジャーで使用するユーザーが存在する。そのユーザーをSNS上で探索し、共創による新製品開発を行うことで成果を出している（酒井, 2020）。

　「ワークマンの開発部隊は、社員だけではない。ワークマンを愛用してやまな

いブロガーやユーチューバーといったインフルエンサーを『製品開発アンバサダー』に任命し、社員と机を並べて共同開発しているのだ。驚くべきは、社内行事まで開放していること。『社内の勉強会や、開発会議にも来てもらう。そして、彼ら彼女らの意見を相当取り入れている。ある意味、完全にインサイダーなんですよ。ワークマンが1年後に何をつくるのか、すべて知っているわけですから』（土屋哲雄氏）」（中略）『素人を開発に入れていいのかとアパレルの人にも言われたが、でも、うちよりも玄人ですからね。読者が1万人もいれば、オピニオンリーダー。かなり世間の意見を代表している。アイデアもあるし、意外とプロだと思っている。ユーチューバーでも、インスタグラマーでも、ブロガーでも、そういう方を身内化しなきゃ駄目だと思った』（土屋氏）」（酒井, 2020）

　このように、企業内に存在する自社製品のユーザーである従業員や企業外の先端的なユーザーを企業内に取り込み積極的に活用し、イノベーションにつなげている企業が存在することが明らかになり、学術的な研究も蓄積されている（Herstatt, Schweisfurth, & Raasch, 2016; Schweisfurth, 2017）。

　企業内に存在する従業員のイノベーションに関する研究は、大きく分けて2つの潮流がある。1つめが、組織行動論の領域である企業の従業員の創造性に関する潮流である（Anderson, Potočnik, & Zhou, 2014）。創造性の高い従業員の特徴（Amabile, 1983; Shalley & Gilson, 2004）、従業員の創造性に影響を与える先行要因（Anderson et al., 2014; Shalley, Zhou, & Oldham, 2004）などの研究が蓄積され、企業に存在する従業員の創造性をどのようにして高め、イノベーションを起こすかが議論されている。2つめの潮流が、「企業内リードユーザー」（Schweisfurth, 2012; 本條, 2018）と呼ばれるユーザーイノベーションに関する研究領域である（Franke & Shah, 2003; Franke, von Hippel, & Schreier, 2006）。ユーザーイノベーションは、メーカーではなく製品やサービスのユーザーがイノベーションを起こすことであり、学術的にも実務的にも注目を集めてきた（von Hippel, 1976）。元来、ニーズ情報はユーザー側に存在し、ソリューション情報はメーカー側に存在するとされていた（Ogawa, 1998; von Hippel, 1998）。しかし、自身の経験するニーズに対して、自らがソリューションを考案し実践することで解決し、イノベーションを起こすユーザーの存在が明らかになった（von

Hippel, 1976)。その魅力的なイノベーションを起こすユーザーはリードユーザーとして定義され、多数の研究が蓄積されている（von Hippel, 1986）。企業外に存在し、イノベーションを起こすユーザーであるリードユーザー（von Hippel, 1986）に対して、企業内でイノベーションに貢献するユーザーは「企業内リードユーザー」（Schweisfurth, 2012; 本條, 2018）と呼ばれる。企業内リードユーザーは、自社が提供する製品やサービスのカテゴリーにおけるリードユーザーとして定義され（Schweisfurth & Raasch, 2015）、学術的に注目されている。企業内リードユーザーは、企業内に存在するために、企業が自社の従業員を有効に活用し、イノベーションにつなげる上で継続的な活用と安定したマネジメントが可能であると考えられる。その企業内リードユーザーの研究を拡張していくことは学術的、実務的な両側面で価値の高いことである。

　本書は、企業内リードユーザーの中でも、消費者との接点を持つ小売店舗販売員に着目する。先進的な自身のニーズを解決し、そこから高い便益を得ることを期待するリードユーザーのイノベーションは、企業側にとっては必ずしも商業的な魅力があるわけではないという課題が存在する（Baldwin, Hienerth, & von Hippel, 2006; Shah & Tripsas, 2007）。その課題に対応するためには、自社がターゲットとする顧客ニーズを認識しておく必要性がある。通常業務の中で顧客接点を持ち、顧客ニーズを認識している小売店舗販売員でありながら、リードユーザーの資質を持つ小売店舗販売員リードユーザーを活用することは商業的に魅力的なイノベーションにつながる可能性があると考えられる。

　以上から、本書では小売店舗販売員リードユーザーによるイノベーションやその先行要因、製品成果を明らかにすることを目的とする。先行研究では企業内リードユーザーの特徴や成果に関する研究も存在するが、小売店舗販売員リードユーザーに着目した研究は渉猟しえた限り見られず、研究蓄積が十分とはいえない。小売店舗販売員リードユーザー発案製品の製品成果と製品成果に影響を及ぼす要因を、定性、定量の両側面から明らかにする。そして、新製品開発において、小売店舗販売員を活用することがイノベーションをもたらすという示唆を与える。

2．イノベーションの源泉

　イノベーションの定義は多岐に渡るが、経済協力開発機構（OECD：Organization for Economic Co-operation and Development）と欧州委員会統計庁（Eurostat）により発行されるイノベーションに関する国際標準指針であるOslo Manual 2018では、「イノベーションとは、これまでの製品またはプロセスと著しく異なり、新しいまたは改良された製品またはプロセス（またはそれらの組み合わせ）であり、潜在的なユーザーによって利用可能であるもの（製品）、または当該単位によって利用に付されているもの（プロセス）である」（OECD/Eurostat, 2018, p.20）とされる。すなわち、イノベーションに関するデータ分析の国際的なマニュアルにおいては、イノベーションとは新規性があること、他者（ユーザー）が利用可能であることの2点が要件となっている。

　その中で、企業を対象としたビジネス・イノベーション（Business Innovation）については、「ビジネス・イノベーションとは、これまでの当該企業の製品またはプロセスと著しく異なり、新しいまたは改良された製品またはプロセス（またはそれらの組み合わせ）であり、市場に導入されているもの（製品）、または当該企業において利用に付されているもの（プロセス）である」（OECD/Eurostat, 2018, p.68）とされる。さらに、ビジネス・イノベーションは、プロダクト・イノベーション（Product Innovation）とビジネス・プロセス・イノベーション（Business Process Innovation）に分類され、プロダクト・イノベーションにおいては、「市場に導入されているもの」（OECD/Eurostat, 2018, p.70）という要件が必要となる。

　それでは、新製品開発におけるプロダクト・イノベーションにおいて、新規性があり、市場に導入されている製品はどのように開発されているのであろうか。通常の製品開発では、企業が新製品開発や製品改良において、イノベーションを起こそうとする。この企業が中心となり、自社の技術開発力をベースにイノベーションを志向する方法では、新規性の高いアイデアは生まれても、潜在的なユーザーに利用可能なものとして市場に導入できるかどうかは分からない。これは、ユーザーのニーズに関する知識や情報は、ユーザー側に存在し、

かつ「粘着性」があるが故に、ユーザーからソリューションを行う企業に転送することが難しいからである（**図表序-1の①**）（von Hippel, 1994）。すなわち、潜在的なユーザーが利用可能であるということは、「粘着性」のある潜在的なユーザーの潜在ニーズを認識して開発する必要性がある。そのために企業はフォーカス・グループインタビューのような、伝統的な消費者調査を通じて、ユーザーの潜在ニーズを把握しようと努めてきたが、企業が潜在的なユーザーのニーズやユーザーの潜在ニーズを認識することの難易度は高いと考えられる。

3．企業内リードユーザーへの注目

　1970年代にメーカーや企業ではなく、製品やサービスの利用者であるユーザーがイノベーションの担い手である「ユーザーイノベーション」が発見され（von Hippel, 1977）、多数の研究が蓄積されてきた（von Hippel, 1976, 1988, 2017; 小川, 2013）。ユーザーイノベーションは、ニーズ情報を所持しているユーザーがソリューションも自らが考案することである（**図表序-1の②**）。企業がイノベーションを起こす可能性のあるユーザーを、新製品開発や製品改良において活用する手法の1つとして、本研究の対象でもあるリードユーザー法がある。リードユーザー法は、魅力的なイノベーションを起こす可能性の高いリードユーザーを活用する手法である（Franke et al., 2006; von Hippel, 1986）。リードユーザーを活用した製品開発は、企業で成果が出ていることが明らかになっているが（Lilien, Morrison, Searls, Sonnack, & von Hippel, 2002; von Hippel, Thomke, & Sonnack, 1999）、リードユーザーの特定が難しい（von Hippel, Franke & Prügl, 2009）、ユーザーがアイデアを共有することに積極的ではない（de Jong, von Hippel, Gault, Kuusisto & Raasch, 2015）、ユーザーはその企業では実現が難しいアイデアを出す傾向がある（Poetz & Schreier, 2012）、ニッチなニーズに対するイノベーションの可能性がある（Hienerth, 2006）などの理由から実際の企業が継続的に活用している事例が多いとはいえない。

　そのリードユーザー法において、2010年代以降に企業内のリードユーザーの特性を持った人材を研究対象とした実証研究（Schweisfurth, 2017）や定性研究（Schweisfurth & Herstatt, 2016）が行われ、その有効性が明らかにされている。

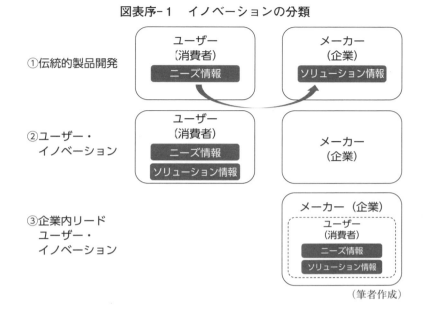

図表序-1　イノベーションの分類

（筆者作成）

　実務的にも、アウトドア用品（山井, 2021）、釣具用品（Yu, Kohlbacher, & Ogawa, 2020）、スポーツ用品（清水, 2019）など、製品への関与度や趣味性の高い製品領域において企業内のリードユーザーの特性を持った従業員を、新製品開発や製品改良に活用している事例が報告されている。「企業内リードユーザー」は、企業に所属する従業員でありながら、リードユーザーの特徴を持ち合わせ、魅力的なイノベーションを起こす人材と定義される（渡邉, 2022a）。つまり、ユーザーとしてのニーズ情報を所持しながらソリューションも考案し、かつ企業に組み込まれている人材である（**図表序-1の③**）。

　顧客ニーズの変化の激しい市場において、企業は顧客が現時点で望む顕在型のニーズではなく、後に望むと想定される半歩先か一歩先の潜在的なニーズを捉えた製品を開発し、提案する必要がある（Narver, Slater, & MacLachlan, 2004）。その未来の顧客ニーズを満たすために、新製品開発や製品改良において、企業外のユーザーや消費者ではなく自社に存在するために探索しやすく、顧客の潜在ニーズを認識しリードユーザーの特性を持った従業員を活用することは、商業的に魅力的なイノベーションにおいて有効であると考えられる。

4．役割の多様化する小売店舗販売員

　企業内に存在するリードユーザーは、企画開発職だけでなく、職種に関係なく存在すると考えられ、本書では企業に存在する従業員の中でも、小売店舗販売員である企業内リードユーザーに着目する。

　小売業の店舗は、顧客である消費者との接点と日々の販売データを収集することが可能な場として、顧客情報の源であり、ビジネスにおける重要な要素とされる（Burt, Dawson, & Larke, 2021）。その小売店舗内で業務を行う小売店舗販売員の役割は、年々多様化してきている。これまでの小売店舗販売員の重要な役割は、通常業務において店舗での顧客対応、レジ対応、売り場管理など店舗での売上に貢献し、小売りサービスを顧客に適合させることであった（Sharma, 2001）。さらに昨今では、小売店舗販売員自らがインフルエンサーとしてSNS（Social Networking Service：ソーシャルネットワーキングサービス）を活用して、自社製品の販促活動を行うなどの事例も存在する。すなわち、店舗の内外を問わず販売活動において成果を出すことが重要であったといえる。

　一方では、小売店舗販売員は、企業と顧客との唯一の接点として、顧客情報を収集し、様々な顧客ニーズを把握している必要がある（Sharma, 2001）。サービス業のフロントライン従業員の顧客サービス改善のためのアイデア創出において、顧客ニーズを認識する能力が、アイデア創出の主要な要因になることが明らかになっている（Lages & Piercy, 2012）。同じように、小売店舗販売員は、小売店舗内にて商品知識の普及の役割を果たすだけでなく（Sharma, Levy, & Kumar, 2000）、多様なニーズを持つ顧客と常日頃から接し、既存顧客の潜在ニーズや潜在顧客のニーズ（Coelho, Augusto, & Lages, 2011）を認識していることから、自社の新製品へのアイデア発案や製品改良への関与により、イノベーションに貢献できると考えられる。

　つまり、先端的なユーザーである自身のニーズと、小売店舗販売員として認識している顧客の潜在ニーズの両側面を満たすアイデアから創出される新製品が、新規性があり、かつ市場に導入された後に市場において高いパフォーマンスをすると考えられる。本書では、その自社製品の領域におけるリードユー

ザーの特性を持った小売店舗販売員を「小売店舗販売員リードユーザー」と呼び (**図表序-2**)、その小売店舗販売員リードユーザーが、所属する企業の新製品開発において、イノベーションにどのように貢献するかを明らかにする。

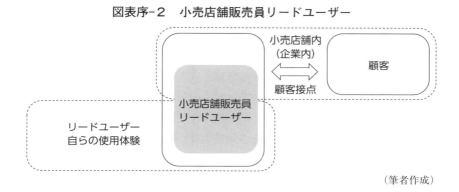

図表序-2　小売店舗販売員リードユーザー

(筆者作成)

5．本書の特徴

本書の特徴は3点ある。

第一に、多様な研究手法を用いて研究課題に適した分析を行っている点である。本書の研究課題は、理論的に未解明な部分が多いため、質的手法を用いて現象を調査した上で、理論を検証するために量的に検証するという混合研究法 (mixed methods) によるアプローチを採用した (Edmondson & McManus, 2007)。混合研究法は、「問い、研究手法、データ収集、分析手続、および/または推論の類において、質的アプローチと量的アプローチを用いる研究デザインの一種」(Tashakkori & Teddlie, 2003, p.711) と定義される。または、「一連の調査や研究において、質的、量的の両方の手法を用いて、データ収集、分析を行い結果から推論を導き出す手法」とされる (Tashakkori & Creswell, 2007, p.4)。具体的には、3つの特徴を持つ (**図表序-3**) (Teddlie & Tashakkori, 2009)。まず、質的と量的の両方のアプローチを用いながら、検証的な問いと探索的な問いを同時に扱うことが可能である点である。質的なリサーチ・クエスチョンは探索的であり、量的なリサーチ・クエスチョンは検証的であるとされてきたが、

混合研究法は検証的な問いと探索的な問いを同時に立て、同じ研究の中で理論の生成と検証ができる（Teddlie & Tashakkori, 2009）。次に、説得力のある推論を導き出せる点である。質的研究により研究対象や事例を深く掘り下げ、量的研究により幅広いデータを扱うことにより、説得力のある推論が可能となる。最後に、質的研究と量的研究の結論が異なる際に、研究における多様な視点を組み合わせる機会を与えてくれることである。以上から、本書では、その特徴が全体の研究課題に適合すると考え、混合研究法を採用した。まず、研究課題に対して、ケースで研究対象の事例を概観した上で、探索的に要因を提示するためにグラウンデッド・セオリー・アプローチを使用した。さらに、要因の組み合わせを検証するためにファジィ集合質的比較分析（fsQCA）を用いて分析を行い、実際の市場での製品成果を検証するためにフィールド実験の手法を用いた。研究課題に対して適切な研究手法を用いることで、実際の企業が行う新製品開発におけるイノベーションを包括的に捉えるように努めた。

図表序-3　方法論における特徴の対比

対比次元	質的研究	混合研究	量的研究
手法	質的手法	混合手法	量的手法
パラダイム	構築主義	プラグマティズム、トランスフォーマティブ・パースペクティブ	ポスト実証主義、実証主義
リサーチ・クエスチョン	質的リサーチ・クエスチョン	混合型リサーチ・クエスチョン（質的＋量的）	量的リサーチ・クエスチョン、研究仮説
データ	ナラティブ	ナラティブ＋数量	数量
研究目的	探索的（＋検証的）	検証的＋探索的	検証的（＋探索的）
理論の役割；論理	グラウンデッド・セオリー、帰納的論理	帰納的／演繹的論理	概念的枠組みと理論に基づく、仮説―演繹法
サンプリング	合目的的	確率、合目的的、混合	確率
データ分析	主題的戦略：カテゴリー化、文脈化	主題的戦略と統計学的分析の混合	統計学的分析：記述的、推計的
妥当性／信頼性	信用性、信憑性、転用可能性	推論の質、推論における転用可能性	内的妥当性、外的妥当性

（Teddlie & Tashakkori (2009) をもとに筆者作成）

第二に、実際の企業から提供されたデータを用いて分析を行っている点である。本書の研究は、株式会社ユナイテッドアローズ（以下，UA社）の中核ブランドであるグリーンレーベルリラクシング（以下，GLR）を研究対象としている。実際にGLRで行われている小売店舗販売員を活用した新製品開発における一連のプロセスと製品成果に関する豊富な質的、量的データを入手して使用した。一般的に実際の企業活動におけるデータは入手が難しく、企業秘密や守秘義務などから使用することも難しいとされる。しかし、筆者が研究対象である企業に勤務し、対象ブランドの製品開発責任者であったことから使用できたものであり、この貴重なデータを活用していることは学術的に価値が高く、さらに実務的な示唆に説得力がある点も特徴である。

　第三に、マーケティング領域であるユーザーイノベーション研究と人材・組織マネジメント領域である従業員の創造性やイノベーションに関する研究、サービス・マーケティング領域である小売業における店舗販売員に関する研究を接続していることである（図表序-4）。これまでの組織行動論における企業内の従業員を対象としたイノベーション研究においては、社内に存在する従業員の創造性をいかにして高めて、イノベーションを起こすかが議論の中心であった。一方では、ユーザーイノベーション研究の対象は、個人か企業かは問わず製品を使用するユーザーである。つまり、企業内リードユーザーは従業員

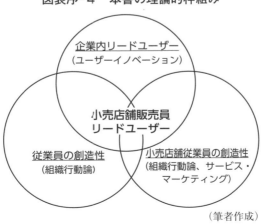

図表序-4　本書の理論的枠組み

（筆者作成）

であり、かつ製品のユーザーであることから、ユーザーイノベーション研究に組織行動論の従業員の創造性やイノベーションに関する研究の知見を用いて解明を行った。さらに、店舗販売員を研究対象としていることから組織行動論とサービス・マーケティング領域における店舗販売員の創造性やイノベーションに関する研究の理論を援用した。

以上のように、本書は多様な研究手法や豊富な質的・量的データを用いて研究を行っており、さらにマーケティング領域や組織行動論などの異なる研究領域を接続することで未解明な部分の多い研究課題の解明を試みていることが特徴である。

6．本書の構成

本書は以下の章立てにより構成される（**図表序-5**）。序章、終章を含めて、8つの章から構成されている。序章では、研究の背景と本書の研究目的、本書の特徴、本書の構成を述べる。

第1章では、実証研究に先立ち、理論的背景を述べる。まずは、組織行動論で議論される従業員の創造性とイノベーションに関する理論や概念を整理する。次に、本書の研究対象である小売店舗販売員に着目し、小売業における小売店舗販売員の役割の多様化を述べる。そして、小売店舗販売員の創造性とイノベーションに関する既存研究から、小売店舗販売員の創造性に影響を及ぼす要因を把握する。

第2章では、企業内リードユーザーに関する先行研究レビューを行い、本書のリサーチクエスチョンを述べる。まず、ユーザーイノベーション研究とリードユーザー研究の変遷を整理することで、これまでの理論や概念を把握する。次に、システマティック・レビューにより、企業内リードユーザー研究を、人に着目した企業内リードユーザーの特徴に関してリードユーザーと従業員の2つに分けて整理を行い、さらに企業内リードユーザーが所属する企業の扱う製品領域や、その企業内での企業内リードユーザーの職種を確認する。そして、行動や結果に着目し、企業内リードユーザーによるイノベーションをアイデア

図表序-5　本書の枠組み

序章	<はじめに>研究の背景、目的、本書の特徴、本書の構成
第1章	<先行研究レビュー：小売店舗販売員の創造性とイノベーション>
第2章	<先行研究レビュー：企業内リードユーザー>
第3章	<小売店舗販売員によるイノベーション>ケース
第4章	<小売店舗販売員リードユーザーによる新製品開発への貢献>定性研究（GTA）　製品成果
	アイデア発案　→　企画開発デザイン
第5章	<小売店舗販売員リードユーザー発案製品のアイデア評価に影響を与える要因>fsQCA　製品成果
	アイデア発案
第6章	<小売店舗販売員リードユーザー発案製品のパフォーマンス評価>統計分析　製品成果
	アイデア発案　→　企画開発デザイン　→　販売
終章	<結論と今後の研究課題>

（筆者作成）

の創造（発案、開発）とアイデアの実行（実装、普及、起業）に整理することで企業内リードユーザーの全体像を掴む。その結果、全体を通じて既存研究では、実際の企業で企業内リードユーザーがどのように活用されているかが明らかになってはおらず、企業内リードユーザーの製品成果と製品成果に影響を及ぼす要因が明らかになっていないという研究課題が浮かび上がった。本書では消費財においてメーカーよりも小売業の存在感が増していること、さらに小売業において店舗販売員の重要性が高まっていることから、顧客接点を持ち顧客ニーズを最も認識している小売店舗販売員に着目し研究対象とする。

　第3章「小売店舗販売員によるイノベーション」では、本書の研究対象であるUA社のGLRで行われている店舗販売員との共創による新製品開発（共創プロジェクト）の事例に関して、具体的な流れや特徴を概観する。共創プロジェクト導入の背景、具体的な開発プロセス、共創プロジェクトで生まれた新製品

を紹介する。

　第4章「小売店舗販売員リードユーザーによる新製品開発への貢献」では、小売店舗販売員リードユーザーが実際の企業でアイデア発案から企画開発、デザインにおいて、どのように新製品開発に貢献しているかに関して探索的に研究を行う。具体的には、GLRで実際に行われている小売店舗販売員リードユーザーを活用した新製品開発の参加者16名から収集したインタビュー・データと企画生産プロセスの会議やミーティングへ参加した際の記録をもとに、グラウンデッド・セオリー・アプローチを用いて分析を行った。従業員の創造性に影響及ぼす要因や小売店舗販売員の創造性に影響を及ぼす要因に関する理論的背景と分析結果をもとに、小売店舗販売員リードユーザー発案製品のアイデアの質に影響を与える要因や、具現化された製品に影響を与える要因を提示する。

　第5章「小売店舗販売員リードユーザー発案製品のアイデア評価に影響を与える要因」では、小売店舗販売員リードユーザーが発案した新製品のアイデアの質に影響を及ぼす要因の組み合わせを明らかにする。リードユーザーを測る尺度であるリードユーザーネスの高さがアイデアの質の高さに正の影響を与えることが明らかになっているが（Schweisfurth, 2017）、顧客接点を持つ小売店舗販売員としての要因に関してリードユーザーネスとの組み合わせとして提示していく。具体的には、小売店舗販売員の創造性に影響を及ぼす要因である顧客志向に着目し、高い評価と低い評価に影響及ぼす要因のリードユーザーネスとの組み合わせを明らかにするために、ファジィ集合質的比較分析（fsQCA）を用いて分析を行い考察していく。

　第6章「小売店舗販売員リードユーザー発案製品のパフォーマンス評価」では、小売店舗販売員リードユーザーが発案し、製品化された製品が実際の市場においてどのようなパフォーマンスをするのか、また市場での高いパフォーマンスにつながる要因を明らかにする。実際にGLRで具現化された製品の販売POSデータをもとに、小売店舗販売員リードユーザーのリードユーザーネスの高さと、企画開発プロセスにおける企画開発職との共創が、実際の市場での高いパフォーマンスに正の影響を与えることを述べる。

　終章では、本書の全体を通じて得られた結果のまとめ、考察として理論的貢献、実務的貢献、本研究の課題、今後取り組むべき課題や展望を述べる。そし

て、最後に参考文献を掲載する。

　本書は、著者の博士学位論文をベースとして、日本マーケティング学会の学会誌である『マーケティングジャーナル』（第2章、第3章、第6章）、『マーケティングレビュー』（第4章）に査読付き論文として掲載されたものを加筆修正し、新たに執筆したものを加えて、1つの体系化した書籍としてまとめたものである。

〔初出一覧〕
本書を構成する論文の初出一覧は以下のとおりである

第2章「企業内リードユーザー」
渡邉裕也（2022a）.「企業内リードユーザー」『マーケティングジャーナル』41(4), 71-79.

第3章「小売店舗販売員によるイノベーション」
Watanabe., Y. & Nishikawa, H.（2024）.「Innovation by Retail Store Salespersons: Co-Creation Project. in United Arrows」*Quarterly Journal of Marketing*, 44(2), 182-189.

第4章「小売店舗販売員リードユーザーによる新製品開発への貢献」
渡邉裕也（2023）.「企業内リードユーザーによるイノベーション―小売店舗販売員との共創による新製品開発―」『マーケティングレビュー』4(1), 18-24.

第6章「小売店舗販売員リードユーザー発案製品のパフォーマンス評価」
渡邉裕也（2022b）.「企業内リードユーザー発案製品のパフォーマンス評価」『マーケティングジャーナル』42(1), 90-100.

[注]
1　本章の内容は以下の論文（査読あり）を一部抜粋している。
　　渡邉裕也（2023）.「企業内リードユーザーによるイノベーション―小売店舗販売員との共創による新製品開発―」『マーケティングレビュー』4(1), 18-24.

第1章
小売店舗販売員の創造性とイノベーション

1. 本章の概要

　本書の研究対象はリードユーザーの特徴を持った小売店舗販売員である。小売店舗販売員リードユーザーは企業に組み込まれた従業員としての特徴、小売店舗販売員としての特徴、リードユーザーの特徴の3つの特徴を併せ持つ。本章では、3つの特徴のうち従業員としての特徴と小売店舗販売員としての特徴に焦点を当てる（**図表1-1**）。

　まず、企業に所属する従業員のどのような特徴がイノベーションに影響を及ぼし、企業側のどのようなマネジメントによって従業員のイノベーションが促進されるのかを確認するために、組織行動論の研究領域である従業員の創造性とイノベーションに関する理論的背景を整理する（**図表1-1**左下の円）。

　次に、小売店舗販売員は小売業において接客や販売という業務を通じて、顧客への製品の売買に関与するだけでなく、顧客と直接的に接することで顧客と相互作用する。その顧客接点における顧客との相互作用が、小売店舗販売員の創造性にどのような影響があるのかを確認するために、組織行動論やサービス・マーケティングの領域である小売店舗販売員の創造性とイノベーション（**図表1-1**右下の円）の理論的背景を整理していく。

図表1-1　理論的背景

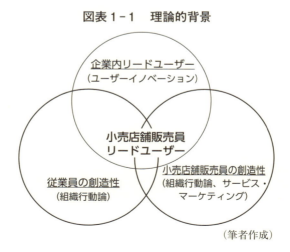

（筆者作成）

2．従業員の創造性とイノベーション

本節では、まず従業員の創造性とイノベーションに関して、創造性とイノベーションの定義を整理する。次に、組織行動論の理論的背景から従業員の創造性に影響を及ぼす要因に関して、従業員の個人要因と従業員が働く文脈的要因に整理を行い、全体像を概観していく。

2-1　創造性とイノベーションの定義

従業員の創造性とイノベーションに関する既存研究を概観する前に、まず創造性とイノベーションの定義を確認する。創造性とイノベーションは密接に関連する概念ではあるが、両者を異なるものとして区別することが重要である（Shalley & Gilson, 2004）。

創造性とは、「新規性があり、組織にとって潜在的に有用な製品、実践、サービスまたは手順におけるアイデアを提供すること」（Amabile, 1996; Oldham & Cummings, 1996; Shalley et al., 2004）と定義される。アイデアは、既存のものを大きく組み替えたり、全く新しいものを開発することによって新規性の高いものとなる（Oldham & Cummings, 1996）。短期的または長期的に、組織に直接的または間接的に価値を提供する場合に有用性が高いといえる（Shalley et al., 2004）。

そして、イノベーションは、新規性と有用性の高いアイデアの創出とそれを実行することであるとされる（Amabile, 1996; Oldham & Cummings, 1996）。すなわち、従業員個人やチーム、ユニットとして創出されるアイデアを、企業が実行することによってイノベーションになるということであり、創造性はイノベーション・プロセスの第一歩または前提条件として捉えられる（Anderson et al., 2014）。

さらに、序章でも触れたようにOECDとEurostatにより発行されるOslo Manual 2018では、イノベーションを、「イノベーションとは、これまでの製品またはプロセスと著しく異なり、新しいまたは改良された製品またはプロセス（またはそれらの組み合わせ）であり、潜在的なユーザーによって利用可能であるも

の（製品）、または当該単位によって利用に付されているもの（プロセス）である」(OECD/Eurostat, 2018, p.20) と定義している。企業を対象とした「ビジネス・イノベーション（Business Innovation）」は、「ビジネス・イノベーションとは、これまでの当該企業の製品またはプロセスと著しく異なり、新しいまたは改良された製品またはプロセス（またはそれらの組み合わせ）であり、市場に導入されているもの（製品）、または当該企業において利用に付されているもの（プロセス）である」(OECD/Eurostat, 2018, p.68) とされている。さらに、ビジネス・イノベーションは「プロダクト・イノベーション（Product Innovation）」と「ビジネス・プロセス・イノベーション（Business Process Innovation）」に分類される。プロダクト・イノベーションは、製品やサービスにおいて新規性があり、市場に導入されていることが必要となる（OECD/Eurostat, 2018）。ビジネス・プロセス・イノベーションは、1つ以上のビジネス機能で以前の企業のビジネス・プロセスと大きく異なり、新規性のあるビジネス・プロセス（製品、サービスの生産、流通及び物流、マーケティング及び販売、情報・通信技術、運営管理、プロダクト及びビジネス・プロセスの開発）であり、利用に付されているものとされる（OECD/Eurostat, 2018）。

　本書における研究課題は、実際の企業の中で小売店舗販売員リードユーザーが関与するビジネス・イノベーションにおいて、どのようにプロダクト・イノベーションが成し遂げられているかである。その観点から、本書においては、従業員の高い創造性は従業員個人とそのチームによって新規性や有用性の高いアイデアが創出されることであり、小売店舗販売員リードユーザーによるイノベーションはそのアイデアを企業が製品化し、市場に導入され顧客から評価されているものとして位置付ける。

2-2　従業員の創造性に影響を与える要因

　それでは、企業に所属する従業員はアイデア発案段階において、どのようにすれば新規性の高いアイデア創出につながる創造性を発揮できるのだろうか。従業員の創造性に影響を与える要因として、組織行動論において多数の研究が展開されており（Oldham & Cummings, 1996）、大きくは2つに分類できる。第1に、個人の特性や職務を通じて取得する専門知識、認知スタイルなど個人要

因によるものである。第2に、上司との関係や周辺環境、従業員が置かれている状況など内発的動機付けに影響を及ぼす文脈的要因によるものである（Shalley et al., 2004）。そして、その個人要因と文脈的要因の相乗効果も影響を及ぼすことが提示されている。以下、順を追って確認していく。

2-2-1　個人要因

　従業員の創造性に関する研究は、組織行動論において多数の研究が蓄積され、議論が展開されている。従業員自身の特性に焦点を当てた個人要因は、創造性に関する個人の特性や認知スタイル、関連する領域の専門知識などがある（Amabile, 1983; Shalley & Gilson, 2004）。創造性に関する個人の特性には、創造的パーソナリティ尺度（CPS; Creative Personality Scale）（Gough, 1979）やパーソナリティの5因子モデル（FFM; Five Factor Model）（Costa & McCrae, 1992）、創造性関連スキル（Amabile, 1988）を用いた研究がなされている。

　CPSは、30個の形容詞で表現される尺度であり、個人の創造性に関する潜在能力の指標として捉えることができる（Gough, 1979）。形容詞には、「個性的」（Individualistic）、「型破り」（Unconventional）、「洞察力に富む」（Insightful）、「ユーモアがある」（Humorous）、「広い関心」（Wide interests）などがある。この尺度のスコアが高い人は、多様な情報や意見を認識し、幅広い関心を持って問題に取り組む。さらに、自身の曖昧さへの耐性があり、競合する意見に辛抱強く対応し、独創的なアイデアを発案するとされる（Shalley et al., 2004）。CPSの高さと創造性の評価には有意に正の関連性があることも明らかになっている（Oldham & Cummings, 1996）。

　FFMは、神経症的傾向、調和性、誠実性、外向性、経験に対する開放性から構成されている（Costa & McCrae, 1992）。FFMは、個人の創造性と関係があり、経験に対する開放性のスコアが高い人は、新製品のアイデアを持つ確率が有意に高いことが明らかになっている（Stock, von Hippel & Gillert, 2016）。この経験への開放性が高い人は、広い心を持ち、好奇心が強く、伝統に囚われない傾向があり、様々な領域で創造性と正の相関があることが示されている（Feist, 1999）。

　CPSやFFMは性格特性であるが、創造性関連スキルは、創造的に考える能力、

代替案を生み出す能力、発散的思考を行う能力、判断を留保する能力とされる (Amabile, 1988)。創造性には、記憶力、情報の収集と活用、ヒューリスティックスの使用、集中力などが必要であり、様々な選択肢や多数の事例などを認識し、活用するスキルの必要性が明示されている (Shalley & Gilson, 2004)。

個人の認知スタイルも従業員の創造性に影響を与えることが明らかになっている (Amabile, 1996; Woodman, Sawyer, & Griffin, 1993)。革新的認知スタイルと適応的認知スタイルを対極として、創造性に関する成果との関係性に関する研究が蓄積されている (Kirton, 1994)。革新的な認知スタイルを持つ人 (innovator) とは、従来とは異なる問題解決方法を志向するために、合意された方法を反故にしてリスクを取ることを好む傾向がある。一方では、適応的な認知スタイルを持つ人 (adaptor) は、決まったパラダイムや手順の中で、それを疑わずに行動する傾向がある (Kirton, 1994)。革新的な認知スタイルが、従業員の創造性に影響を及ぼすことが明示されている (Tierney, Farmer, & Graen, 1999)。

さらに、知識の広さと深さを持つことは創造性のための重要な要素である (Amabile, 1996)。知識やスキルは、性格特性と異なりトレーニングや教育、経験を通じて身につけることが可能である。広く深い知識を持つことで、様々な選択肢や機会を意識し、新しいことにチャレンジしやすくなる (Shalley & Gilson, 2004)。中でも関連する領域固有の専門知識が、創造的なアイデアを生み出すとされる (Amabile, 1988, 1996)。一方では、領域固有の専門知識に依存する場合に柔軟性が失われることや (Dane, 2010)、企業内の専門知識に依存することで良いアイデアの可能性のある代替案の発見を阻害するなどマイナス面も指摘されている (Poetz & Schreier, 2012)。その関連する領域の専門知識と創造性には、逆U字型の関係性が存在することも示唆されている (Batey & Furnham, 2006)。ある一定のところまでは専門知識がなければ、その領域でのイノベーションのアイデア創出にはつながらないが、一定程度を超えるとその領域の専門知識が創造性の邪魔をする可能性があるということである。

2-2-2 文脈的要因

次に、文脈的要因を見ていく。文脈的要因は、「個人の一部分ではないが従業員の創造性に潜在的に影響を与える職場環境の次元」(Shalley et al., 2004, p.935）と定義される。文脈的要因は従業員個人の性格特性や能力ではなく、従業員が働く状況や環境などであり、内発的動機付けへの影響を通じて、創造性を高めることが明らかになっている（Anderson et al., 2014; Shalley et al., 2004）。内発的動機付けは、従業員が業務上の活動に興奮し、その活動自体のために従事しようとする程度と定義され（Oldham & Cummings, 1996）、創造性関連スキルや専門知識と並んで創造性を促進する重要な要素であると理論化されている（Amabile, 1996）。業務上で創造性を発揮するためには、従業員は業務自体や業務で発生する問題、結果に強い興味・関心を持ち、自ら進んで解決方法や達成方法を考える必要がある。そのために、企業は従業員を適切にマネジメントし、内発的に動機付けしていく必要性がある。

その内発的動機付けの先行要因として、職務特性（Oldham & Cummings, 1996）、目標設定（Locke & Latham, 1990）、リソース（Shalley & Gilson, 2004）、上司のリーダーシップスタイルやサポート（Madjar, Oldham, & Pratt, 2002; Oldham & Cummings, 1996; Shalley & Gilson, 2004）、同僚との関係性（Amabile, Conti, Coon, Lazenby, & Herron, 1996）、個人の業務への評価（Zhou & Shalley, 2003）などが挙げられる。

職務特性すなわち業務デザインは、従業員の内発的動機付けと従業員の創造性に影響を及ぼすことが明らかになっている（Amabile, 1988; West & Farr, 1990）。具体的には、職務特性として、複雑な業務が従業員個人の内発的動機を高めて、その内発的動機から創造性に正の影響を与えることが明らかになっている（Oldham & Cummings, 1996）。業務が複雑な場合に、従業員は自分の仕事に注意と努力を集中し、様々な選択肢を検討し、達成意欲を高めることで創造性を高めるとされる（Shalley & Gilson, 2004）。

目標設定は、企業が従業員の創造的な活動の動機付けを行う上で重要な役割を果たす（Locke & Latham, 1990）。従業員が目指すべき目標を設定し、従業員がその目標にコミットし、その目標に対するフィードバックを行うことで目標達成の可能性が高まる（Shalley & Gilson, 2004）。そして、企業が明確な組織の目標を設定することが、高い創造性に重要な要素であることが提示されている（Amabile & Gryskiewicz, 1987）。また、従業員に割り振られた創造性目標が創造的なパフォーマンスを高めること（Shalley, 1991, 1995）、創造性目標を与え

られた個人は、創造性目標を与えられなかった個人よりも創造的なパフォーマンスを行うこと（Carson & Carson, 1993）も明らかになっている。一方では、厳しい時間的制約や困難な生産性目標が設定された場合は、創造性が低くなることが明示されている（Shalley, 1991）。

　時間、人材、物質的資源などのリソースが創造性のために必要である（Shalley & Gilson, 2004）。創造性を促進するために必要とされるリソースとして、創造的に考え、異なる視点で探究し、アイデアを練るための時間が挙げられる（Amabile & Gryskiewicz, 1987）。逆に、時間的な制約やプレッシャーがかかることで、効率性が重視され、創造的な認知処理を行う可能性が著しく低くなることも明らかになっている（Amabile, Mueller, Simpson, Hadley, Kramer, & Fleming, 2003）。また、創造的なアイデアの開発と実行には、大勢の個人やグループからのサポートと情報のインプットが必要であり、様々な専門知識を持つ人と接点を持つ必要がある（Mumford, Scott, Gaddis, & Strange, 2002）。さらに、時間や人材だけでなく、必要な物質的な資源を活用できることも重要である。物質的資源に恵まれ過ぎることで、過度に快適であることが創造性にマイナスの影響を及ぼすことも示唆されており（Csikszentmihalyi, 1997）、業務を遂行する上で必要な物質的資源の活用が重要である。

　上司との関係においては、上司が支持的なリーダーシップスタイルの場合は内発的動機を高めること、支配的なリーダーシップスタイルの場合は内発的動機と創造性を低下させることが明らかになっている（Deci & Ryan, 1985; Oldham & Cummings, 1996）。上司が支持的なリーダーシップを発揮する場合には、従業員の気持ちに関心を持ち、業務に対するフィードバックを積極的に行い、従業員の懸念を表明するように促す。一方では、支配的な上司は、従業員の行動を監視し、従業員を巻き込まずに意思決定を行い、厳しい規則とガイドラインに従うように要求する（Deci, Connell, & Ryan, 1989 ; Shalley et al., 2004）。同僚や職場での人間関係において、同僚のサポート体制や激励により創造性が高まること（Amabile et al., 1996）や、同僚のサポートや情報的フィードバックが従業員の創造性に有意に正の関係があることも明らかになっている（George & Zhou, 2001）。

　個人の業務に対する評価が創造性に及ぼす影響に関する研究も蓄積されてい

る（Zhou & Shalley, 2003）。個人が発展的、建設的な外部評価を期待する場合に、内発的動機付けと創造性に有益であることが明らかになっている（Shalley & Perry-Smith, 2001）。さらに、発展的な評価フィードバックは、統制的な評価フィードバックよりも、その後の課題に対する創造性を高くすることが実証されている（Zhou, 1998）。一方では、批判的に評価されることを期待している個人は、批判的に評価されることを期待していない個人より創造性が有意に低くなることが提示されている（Amabile, Goldfarb & Blackfield, 1990）。

　ここまで概観してきた個人要因と文脈的要因が相互作用し、創造性に影響を与えることも明らかになっている（Shalley et al., 2004）。創造性に関する個人的要因であるCPSが高い従業員は、文脈的要因である上司が支配的ではなく支持的であることや複雑な仕事に従事していることにより、最も創造性の高い業務を行うとされる（Oldham & Cummings, 1996）。また、CPSが高く、自らの業務に対して発展的な評価を期待する個人が、最も高い創造性を有していることや（Zhou & Oldham, 2001）、経験への開放性の高い個人は、上司からポジティブなフィードバックを受け、仕事の役割に柔軟性がある場合に高い創造的行動を行うこと（George & Zhou, 2001）が明らかになっている。個人要因と文脈的要因の相互作用だけでなく、2つ以上の文脈的要因の相互作用も検討されている（Shalley et al., 2004）。

3．小売業店舗販売員の創造性とイノベーション

　前項で従業員の創造性に影響を及ぼす要因に関する理論的背景を概観してきたが、本項では本書の研究対象である小売店舗販売員に焦点を当てる。サービス・マーケティングの知見をもとに、小売店舗販売員の役割の多様化と小売業における重要性を述べる。その後に、小売店舗販売員の創造性とイノベーション、小売店舗販売員の創造性に影響を及ぼす要因について詳述する。

3-1　小売店舗販売員の役割

　まず、本書の研究対象である店舗販売員の小売業における役割を整理する（図表1-2）。小売店舗販売員は、企業と顧客の間に位置し、小売業にとって

重要な役割を果たす。その役割は企業と店舗との連携の窓口になることと、顧客が企業の提供する具体的なサービスに接する場面である「サービス・エンカウンター」の起点となることである（Maria Stock, Jong, & Zacharias, 2017）。

まず、企業と店舗との連携の窓口として、２つの役割を果たす。第一に、所属する企業の戦略や事業のコンセプトを理解し、店頭での販売業務に反映させることである（**図表１-２①**）。企業に所属する従業員として企業の求める成果を認識し、顧客への提供価値を理解し、顧客へ価値提供を行うことで企業への貢献を行う（Cadwallader, Jarvis, Bitner, & Ostrom, 2010）。その企業の目的を果たすために、企業の所有するリソース（人・商品・お金）を適切に活用する役割を担う。例えば、一般的に高価格帯から中価格帯の商品を扱う百貨店では顧客から質の高い接客サービスを求められる。一方では、低価格帯の量販専門店では質の高い接客サービスは顧客から求められておらず、企業もサービスよりもオペレーション（店舗での業務効率）を優先する。すなわち、低価格の量販専門店で質の高い接客サービスは過剰なものとなる。小売業においてビジネスモデルの違いによって、企業の志向する戦略が大きく異なるため、店舗販売員はその戦略を理解し、業務を遂行する必要がある。

第二に、認識している顧客ニーズを所属する企業に伝達する役割である（**図表１-２②**）。顧客の側に存在する顧客ニーズは粘着性があり（von Hippel, 1994）、

図表１-２　小売店舗販売員の役割

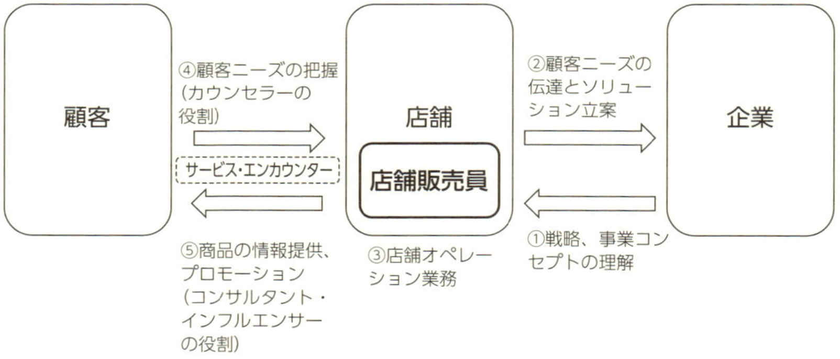

⑥サービスの提供（アクターの役割）

⑦商品の売買の仲介（ミーディエイターの役割）

（筆者作成）

その顧客ニーズを移転し企業が認識することは容易ではない。通常業務での顧客接点により、顧客ニーズを認識している店舗販売員が企業に顧客ニーズを伝達し、企業はその顧客ニーズを把握することで新製品や新サービスの開発に活かすことができる（Lages & Piercy, 2012）。

次に、サービス・エンカウンターの起点となる役割として5つある。第一に、店頭の商品陳列や商品補充、物流センターとの商品の受発送、商品検品、店舗の清掃などの店舗を運営するためのオペレーション業務（バックヤード業務）を担う役割である（図表1-2③）。顧客が快適に購買行動を行うために店舗の環境を整え、顧客が比較検討し選びやすいように商品陳列を行い、安心安全な商品を提供するために最終の準備を行う。第二に、実際の顧客が求めている顧客ニーズを明らかにするカウンセラーの役割（近藤, 1999）である（図表1-2④）。顧客との対話により、顧客が何を求めているのかを理解することでソリューションを提案することが可能となる。店舗販売員は、企業と顧客との間の唯一の接点であり、顧客から顧客情報を直接収集することができ、組織内において多様な顧客ニーズを最も把握している（Lages & Piercy, 2012）。顧客が気付いていない潜在的なニーズを顧客とのインタラクティブなコミュニケーションから引き出す。さらに、カウンセラーとして収集した顧客ニーズを企業へ伝達することや即時にサービスへ反映することも行う。第三に、顧客への商品の情報提供やプロモーションを行うコンサルタントの役割（近藤, 1999）である（図表1-2⑤）。顧客ニーズを明らかにした後に、そのニーズに対する情報提供を行う必要がある。店頭での接客による情報提供は、顧客との相互作用であり、共創的プロセスとなる（近藤, 1999）。また昨今、インフルエンサーの役割（Watts & Dodds 2007）として、SNS（Social Networking Service）やEC（Electronic Commerce）などを通じて、店舗販売員が不特定多数の顧客に向けて商品プロモーションを行う事例が増えている（Forbes JAPAN, 2023）。店舗で直接的に接点を持つ個人としての顧客だけでなく、不特定多数の顧客への情報提供を行う役割としても影響度も増しつつある。第四に、顧客へのサービスの提供するアクターの役割（近藤, 1999）である（図表1-2⑥）。小売業は、商品とサービスを組み合わせて顧客に価値提供を行う（Padma & Wagenseil, 2018）。適切な商品説明や接客業務により、顧客の購買意思決定を支援し（Saxe

& Weits, 1982)、実際に顧客にサービス提供を行う重要な役割である。第五に、商品の売買の仲介者としてのミーディエイターの役割（近藤, 1999）である（図表1-2⑦）。小売業は、商品を顧客に売り渡すことで対価を得ている。その商品と売買の仲介を行うのが店舗販売員であり、会計や商品の包装などを行う。しかし、昨今ではセルフレジや無人店舗などの展開により、商品の売買の仲介に関して人を介さずに行う小売業も出現している。さらに、サービス・エンカウンターにおいて顧客の要望に対して臨機応変な対応を行い、顧客満足を高めるなど販売員に権限を与えるエンパワーメント[1]が必要となる。

以上のように、店舗を持つ小売業にとって店舗販売員は多様な複数の役割を担っている。企業の戦略やマーケティングを理解し、質の高いサービスや情報提供を行うこと、顧客接点から顧客の潜在的なニーズを引き出し、それらを踏まえてサービスに即時反映させること、企業へ顧客ニーズの移管を行うことなど、企業と顧客の境界をまたぐ役割を担う。中でも、小売業にとって顧客と唯一の接点を持つ重要な経営資源として捉えることができる。

3-2　小売店舗販売員の創造性とイノベーション

小売業は、顧客に商品とサービスを提供する（Padma & Wagenseil, 2018）という特徴があるため、サービス・マーケティングに関する理論的背景に触れておく。サービス・マーケティングにはいくつかの特徴がある。

第一に、企業が提供する商品はモノとサービスの組み合わせであるという視点である（近藤, 1999）。まずは前提としてサービスとモノの差異を確認する。モノにはないサービスの特徴として、無形性、生産と消費の同時性、結果と過程の等価的重要性、顧客との共同生産の4点が存在する（近藤, 1999, 2012）。無形性とは、物理的なモノではないということである。すなわちサービスは活動であるために、在庫を持つことや移動することができないという特徴がある。生産と消費の同時性とは、サービスの提供者とそれを受ける顧客が同じ場所、同じ時間に存在し、生産（販売）と消費が同時に起きるということである。結果と過程の等価的重要性とは、サービスは提供された結果とその結果に至るまでの過程の両方を包含するということである。つまり、顧客はサービスを評価する際にサービスの結果だけでなく、その過程も評価をする。顧客との共同生

産とは、サービスは提供者と顧客との相互作用で成立しているということである。

このようにサービスとモノは明確に異なる特徴が存在するが、企業が提供する商品はそれらの組み合わせであり、Rust and Oliver（1994）は商品の構成要素として**図表1-3**のように整理している。サービス・プロダクトは、企業が顧客に提供するサービスにおいて戦略としてあらかじめ計画しているものである。具体的には企業が志向する事業コンセプトに適したサービス設計であり、接客サービスの質などである。サービス環境は、サービスが提供される場のことである。小売業では店舗環境であり、内装や店内音楽など含めた環境を指す。サービス・デリバリーは実際に企業が提供し、顧客が体験するサービスであり、サービス・プロダクトの実行として認識できる（近藤, 1999）。そしてモノ・プロダクトは、顧客に提供される物理的なモノであり、小売業では商品そのものである。このように企業が提供する商品は、物理的なモノとサービスとの組み合わせで構成されており、物理的なモノの価値だけでなくそのモノに組み合わせられるサービスの質が重要である。顧客は、この構成要素の組み合わせから提供価値を認識し、実際の購買への意思決定へ繋げていく。

図表1-3　商品の構成要素

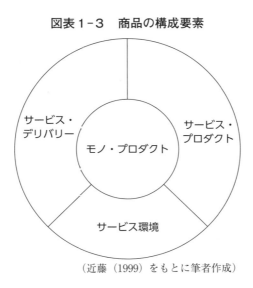

（近藤（1999）をもとに筆者作成）

第二に、提供者目線ではなく顧客目線での価値創造という点である。サービス・マーケティング分野における重要な概念として「サービス・ドミナント・ロジック」（S-Dロジック）が存在する。Vargo and Lusch（2004）が製品を前提とした「グッズ・ドミナント・ロジック」（G-Dロジック）の限界を論じ、サービスをマーケティングの中心的な役割に据え置く「サービス・ドミナント・ロジック」（S-Dロジック）が急速に広まっていった。S-DロジックはG-Dロジックとサービス概念、価値概念、顧客像の3点で異なる価値創造の捉え方をする（Vargo & Lusch, 2004, 2008）。サービス概念において、S-Dロジックは世の中で行われている経済活動の全てはサービスであり、モノとサービスを二分するのではなく、モノもサービスもサービスの1つとして捉える。S-Dロジックにおける価値概念では、モノの交換価値ではなく、モノやサービスの使用や交換の際の「使用価値」（value in use）や「文脈価値」（value in context）が重要とされる。顧客像では、顧客は価値の「共同生産者」として捉える。顧客を価値の共同生産者として捉えることで、企業と顧客が相互作用しながら価値を生み出すことを意図する。例えば、消費者が洋服を購入するために小売店を訪れる。その際に、どんな目的で来店し、どんな洋服を購入したいかを店舗販売員と話す。その会話の中で、店舗販売員は顧客の潜在的なニーズを引き出し、顧客も様々な発見を得る。つまり、洋服という物理的なモノを購入するために来店をしている一方で、店舗販売員との対話的な相互作用のプロセスにより、価値創造を行っているということである。このように、S-Dロジックは、小売業やサービス業が単にモノやサービスを提供するだけでなく、顧客との相互作用を含む価値共創を重視することを示唆する概念として認識することができる。

　第三に、サービス・エンカウンターの重要性である。サービス・エンカウンターとは、企業が顧客と直接的に接しサービスを生産、提供、消費する場面である（Czepiel, Solomon, Surprenant, & Gutman, 1985）。小売業においては、店頭で顧客と店舗販売員が接する場面を指す。例えば、顧客は洋服を購入するために、まずは気になる商品をECの画面上で検索して比較検討を行う。その後に店舗へ来店して商品を眺めている際に、店舗販売員に声をかけられる。次に、比較検討して試着に入る際に、店舗販売員と試着室で会話をする。そして、気に入った商品をレジで購入する。最後に、店舗販売員にお礼の言葉を述べられ

る。この洋服購入の例では、顧客はオンライン上で1回、リアル店舗で3回の計4回のサービス・エンカウンターを経験する。すなわち1つの洋服購入のプロセスにおいても数回の顧客と企業との接点の場があり、その場では店舗販売員が関わる回数が圧倒的に多い。サービス・エンカウンターは、小売業やサービス業特有の場面であり、企業の提供するサービスの価値が決まる重要な場面として認識する必要がある。

　店舗販売員、顧客、企業の関係性をまとめたものとして、**図表1-4**のサービス・マーケティング体系がある（近藤, 1997）。この図は「サービス・マーケティングの三角形」(Kotler & Armstrong, 2014) を加筆修正したもので、サービス・マーケティングの関係が整理されている（近藤, 1997）。「エクスターナル・マーケティング（External Marketing）」は、企業と顧客との関係を示しており、従来の有形材のマーケティングでは中心的な役割を担っている。企業と従業員との関係を担っているのが「インターナル・マーケティング（Internal Marketing）」であり、従業員のモチベーションやES（Employee Satisfaction）の向上などが論じられてきた。そしてサービス・マーケティング特有の「インタラクティブ・マーケティング（Interactive Marketing）」がある。これは従業

図表1-4　サービス・マーケティング体系

（近藤（1997）をもとに筆者作成）

員と顧客との関係を示すものである（近藤, 1997）。このインタラクティブ・マーケティングにおいて、サービス・エンカウンターが存在し、小売業において顧客接点の場として重要度が高いといえる。

　本項では、サービス・マーケティングにおける重要な概念を確認してきた。まとめると、サービス・マーケティングにおいて、顧客に提供する価値はモノとサービスの組み合わせであること、顧客との相互作用により価値創造が行われること、そしてサービス・エンカウンターにおける顧客接点が重要であることである。その顧客接点を小売業で担うのが店舗販売員であり、小売業にとって重要な役割として認識できる。次項では、顧客接点を持つ店舗販売員の創造性に影響を及ぼす要因に関して、顧客との関わりから生じる顧客要因の整理を行う。

3-3　小売店舗販売員の創造性に影響を及ぼす要因

　小売業において、顧客接点であるサービス・エンカウンターから顧客の潜在的なニーズを発見し、顧客の問題を効果的に解決する店舗販売員の創造性を活用していくことは、企業が競争優位性を築くための鍵となる（Coelho et al., 2011）。その店舗販売員の創造性の概念においても、創造性は製品やサービスについて新規性があり、組織にとって潜在的に有用なアイデアを発案することである（Amabile, 1996; Oldham & Cummings, 1996; Shalley et al., 2004）。そして既存研究において、店舗販売員の創造性に影響を与える要因として、前述の組織行動論で検討されてきた個人要因や文脈的要因以外に、顧客との接点から生じる顧客要因が提示されている（Bowen, 2016）。顧客要因は、組織行動論の分野における職場の従業員の創造性と異なり、顧客と接する店舗でのサービス・エンカウンターに焦点を当てたものである（瀬良, 2019）。

　顧客要因が創造性に影響を及ぼすものとして、大きくは2つに分類できる。
　第一に、店舗販売員の顧客に対する行動に起因するものである。顧客ニーズの読み取り（Lages & Piercy, 2012）、顧客からのインプット（Madjar & Ortiz-Walters, 2008）が提示されている。店舗販売員が、顧客ニーズを読み取ることで、サービス改善のためのアイデア創出と有意に正の関係があることが明らかになっている（Lages & Piercy, 2012）。顧客ニーズの把握は「従業員が顧客の

言語的・非言語的コミュニケーションに敏感であること。」(Donavan, Brown, & Mowen 2004, p. 132) と定義され、顧客の利益を重視する従業員の行動である (Lages & Piercy, 2012)。店舗販売員は、顧客ニーズを読み取ることで顧客ニーズが満たされ、顧客満足が達成されるようなアイデア創出を行い、組織全体への働きかけを行うことが明示されている (Lages & Piercy, 2012)。顧客から提供される知識やアイデア、視点を含む情報をインプットすることも、店舗販売員の創造性に正の影響を与えるとされる (Madjar & Ortiz-Walters, 2008)。サービス・マーケティングにおいては、価値創造は顧客との共同作業 (Vargo & Lusch, 2004) であり、顧客はその共同作業において関連のある情報を提供する。サービス・エンカウンターで接触する顧客からの情報は、企業内には存在しない新たな視点を付与するものであり、創造性に関連する認知プロセスに影響を与え、創造性を促進することになる (Madjar & Ortiz-Walters, 2008)。

　第二に、店舗販売員の意識や顧客との心理的な関係性に起因するものである。店舗販売員の創造性に影響を与える要因として、顧客志向 (Sousa & Coelho, 2011)、顧客からの信頼 (Madjar & Ortiz-Walters, 2008)、顧客との関係性 (Coelho et al., 2011)、顧客への共感 (Wilder, Collier, & Barnes, 2014) などが提示されている。

　顧客志向は、「顧客ニーズを満たし、購入の意思決定を支援しようとすることによって、マーケティングの概念を実践する程度」(Saxe & Weitz, 1982, p.344)、「従業員が職務上、顧客ニーズに応えようとする傾向や資質」(Brown, Mowen, Todd Donavan, & Licata, 2002, p.111) と定義される。この顧客志向を持つフロントライン従業員は、多種多様な顧客の顕在的、潜在的なニーズを発見し、顧客満足につながるソリューションを提案することに注力する。店舗販売員は、多種多様で異質なニーズを持つ顧客と接していることから、非構造化された業務を行っている。多種多様で異質な顧客ニーズに応えるためには、顧客を中心に据え置いた思考が必要となることから、高い顧客志向がフロントライン従業員の創造性に有意に正の影響を与えるとされる (Sousa & Coelho, 2011)。

　文脈的要因における上司や同僚との関係性と同様に、顧客との関係性においても、従業員と顧客との信頼が築かれている場合において、高いレベルの創造性を発揮することが明らかになっている (Madjar & Ortiz-Walters, 2008)。創造

性の研究において、個人に対して自身が行っている行動が奨励されていると感じる場合に、斬新で有用なアイデアを創出するとされている（Parnes, 1964）。すなわち、顧客から信頼されている店舗販売員は、顧客への提案やコミュニケーションが受け入れられ、信頼されていると感じる場合に踏み込んだ提案ができると感じるということであり、それにより高い創造性が発揮されると考えられる。さらに、店舗販売員が顧客との対話を楽しみ、顧客ニーズに注意深く耳を傾け、積極的に顧客からの情報を得る。さらに、コミュニケーションにおいて、顧客が外部からの視点を提供することで、店舗販売員の創造的な対応を促進することが明示されている（Coelho et al., 2011）。従業員の顧客への共感が創造性に有意に正の影響を与えることも明らかになっている（Wilder et al., 2014）。顧客ニーズに共感する能力は、企業視点から顧客視点になることで、サービスをそのニーズに適合させるための創造的な思考を促進する。

　以上のように、小売業の店舗販売員やサービス業の店舗従業員は、企業と顧客をつなぐ接点であり、顧客から情報を直接収集することができ、企業内において顧客ニーズを最も把握し（Lages & Piercy, 2012）、その顧客ニーズを中長期的に解決し、顧客満足に対して注力することで創造的な行動を行う（Sousa & Coelho, 2011）。さらに、接している顧客を中心に据え置き、顧客に立場に立った思考と顧客との良好な関係構築が、創造性に影響を及ぼすことが明らかになっている（Grewal, Levy, & Kumar, 2009）。

　これらの顧客要因は創造性の研究において、多様な顧客の情報や客観的な外部の視点が入ることにより、創造的なアイデアが増加するということである（Coelho et al., 2011）。そして、それらの多様な情報や視点が、組織の外部に存在する顧客との接触が多く顧客から情報を吸収する店舗販売員の創造性に影響を及ぼすということである（Madjar & Ortiz-Walters, 2008）。つまり、従業員の創造性に影響を及ぼす個人要因や文脈的要因と異なり、小売業やサービス業において店舗販売員特有の要因として認識することができる。

4．本章のまとめ

　本章では、まず小売店舗販売員リードユーザーの特徴の中でも、企業に所属

する従業員としての創造性とイノベーションの定義を確認し、そして創造性に影響を及ぼす要因に関する既存研究を概観した。次に、小売店舗販売員の役割の多様化を論じ、小売店舗販売員の創造性とイノベーションと創造性に影響を及ぼす要因に関する先行研究を整理した。

多様な役割を担う店舗販売員は企業と顧客との間に位置することにより、企業の戦略やリソースを理解し、それらを販売活動に反映させることを担う。また、小売業において唯一の顧客接点の場である店舗で職務に従事することで、顧客への商品の売買の仲介者やサービスの提供者としてだけでなく、顧客とのインタラクティブなコミュニケーションにより、様々な顧客知識や顧客ニーズを認識することが可能である（Lages & Piercy, 2012）。さらに、その認識した顧客知識や顧客ニーズを企業に移管する役割も果たす。このように、小売店舗販売員は、店舗という現場で顧客と企業との結節点になるという重要な役割を果たしていると考えられる。EC販売の拡大や無人店舗、セルフレジなどの導入により、店舗販売員を介さず顧客への商品の提供が行われる中で、店舗販売員の重要性を論じることは大変価値のあることである。

その重要な結節点である小売店舗販売員の創造性に影響を及ぼす要因として、個人の特性や専門知識などの個人要因、従業員の内発的動機付けを介在する文脈的要因、店舗での顧客接点に起因する顧客要因がある。個人要因の中でも性格や特性などは先天的なものであり、専門知識などは後天的に習得可能なものであるが、個人要因は高い創造性を持つ従業員の探索に関連するものである。また、従業員の内発的動機付けを促進することで創造性に影響を及ぼす文脈的要因は、企業のマネジメントの課題として捉えることが可能である。顧客と接することから生じる顧客要因は、顧客からの影響を色濃く受けることになり、サービス・エンカウンターの現場で生み出されているものである（図表1-5）。

さらに、小売店舗販売員は、売り手側である企業の従業員でありながら、買い手側である消費者として小売店舗を利用し、そこから取得する知識を持ち合わせている（横山, 2019）。つまり、企業に所属する店舗販売員としての顧客知識や製品知識、実践知識（Karlsson & Skålén, 2015）と消費者、製品のユーザーとして日々の生活の中で得る知識を組み合わせることが可能である。次章では、イノベーションに貢献するリードユーザー、中でも企業に所属する企業内リー

ドユーザーに関する先行研究の整理を行い、研究課題を提示していく。

図表1-5　小売店販売員の役割

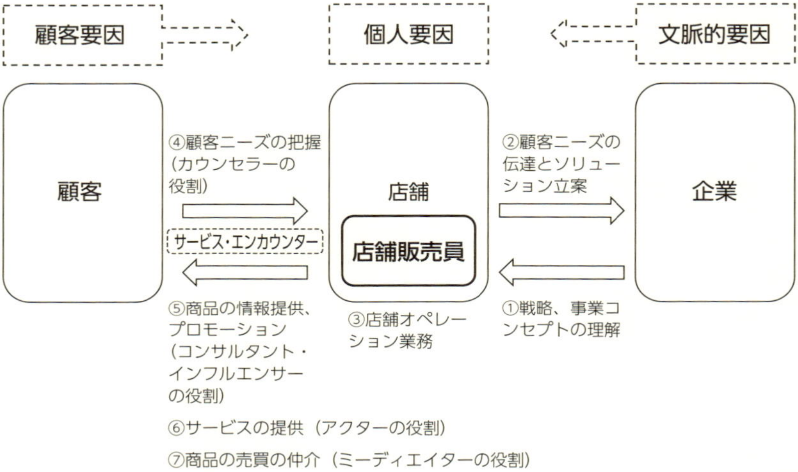

顧客要因　　　　　　　個人要因　　　　　　　文脈的要因

顧客 ―④顧客ニーズの把握（カウンセラーの役割）→ 店舗【店舗販売員】←②顧客ニーズの伝達とソリューション立案― 企業

サービス・エンカウンター

⑤商品の情報提供、プロモーション（コンサルタント・インフルエンサーの役割）
③店舗オペレーション業務
①戦略、事業コンセプトの理解

⑥サービスの提供（アクターの役割）
⑦商品の売買の仲介（ミーディエイターの役割）

（筆者作成）

[注]
1　エンパワーメントとは、「主要な仕事の遂行に関して，従業員により大きな意思決定権を与えるために、階層を下げて責任を委譲することを含む実践」（Leach, Wall, & Jackson, 2003, p.1）と定義される。

第2章

企業内リードユーザー[1]

1．本章の概要

　ユーザーがイノベーションの源泉となっているユーザーイノベーションの研究（von Hippel, 1977, 2005; von Hippel, de Jong, & Flowers, 2012）において、リードユーザーに関する多数の研究が蓄積されている（Franke et al., 2006; Lilien et al., 2002; von Hippel, 1986）。リードユーザーを代表としたイノベーションを起こすユーザーに関する研究のレビューは、リードユーザーの特徴（本條, 2016）、リードユーザー法（Brem, Bilgram, & Gutstein, 2018; Lüthje & Herstatt, 2004）、ユーザー中心のイノベーション（Gamble, Brennan, & McAdam, 2019）、消費者統合イノベーション（Schweitzer, Hende, & Hultink, 2020）などが存在するが、比較的新しい研究領域である企業内リードユーザーを織り込んだレビューは渉猟した限り存在しない。また、多数の研究が蓄積されているリードユーザー研究ではあるが、企業がリードユーザーを継続的に活用している事例が少なく（Olson & Bakke, 2001; Poetz & Schreier, 2012）、ギャップが存在する。このギャップを埋めるために、企業が活用しやすい企業内リードユーザーを包含した研究の整理は必要である。

　以上から、本章では学術的に注目を集める企業内リードユーザーに着目し、既存研究を体系的に整理し、研究課題を述べる（図表2-1）。まず、ユーザーイノベーション研究、リードユーザー研究の変遷を確認する。次に、企業内リードユーザーに焦点を当て、企業内リードユーザー研究の変遷を整理し、レビュー方法を提示する。そして、企業内リードユーザーの特徴をまとめ、さらに企業内リードユーザーによるイノベーションに関して述べる。それら既存研究のレビューから、(1)企業内リードユーザーが実際の企業でどのように新製品開発に貢献しているかが明らかになっていない、(2)企業内リードユーザーが発案したアイデア評価に影響を与える先行要因が明らかになっていない、(3)企業内リードユーザーのアイデアを実際に製品化した際に、市場での高いパフォーマンスにつながるかが明示されていない、という研究課題を提示する。

図表 2-1　理論的背景

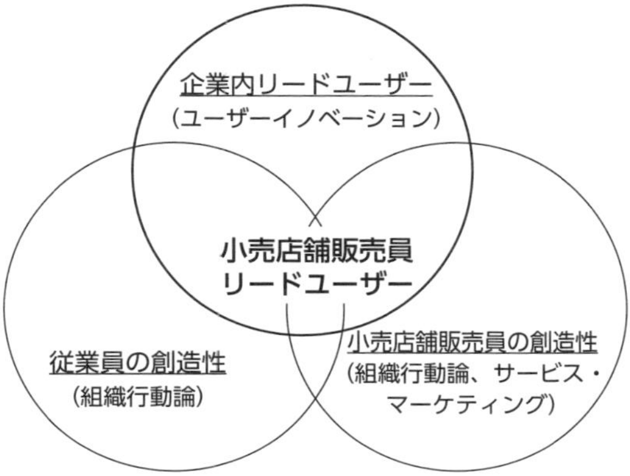

（筆者作成）

2．ユーザーイノベーション

本節では、先行研究からユーザーイノベーション研究、リードユーザー研究、企業内リードユーザー研究の変遷を整理する。

2-1　ユーザーイノベーション研究の変遷

1970年代にマサチューセッツ工科大学（MIT）のエリック・フォン・ヒッペル（Eric von Hippel）が、メーカーではなく、ユーザーがイノベーションを起こしている「ユーザーイノベーション」を初めて体系的に記した（von Hippel, 1976）。その後、多数の研究者によって研究が進められてきた。ユーザーイノベーションは、これまで企業が起こすとされていたイノベーションを、製品のユーザーである消費者が自らのニーズのために起こすことである（小川, 2013）。伝統的な製品開発では、ニーズ情報は製品のユーザーである消費者側に存在し、ソリューション情報は企業側に存在すると考える。ユーザーイノベーションでは、ニーズ情報とソリューション情報を持ち合わせたユーザーが自らのためにイノベーションを起こす。初期の研究は、エリック・フォン・ヒッペルを中心に産業財分野のB2B（Business to Business）におけるプロユーザーやユーザー企業を中心に研究が進められ、エリック・フォン・ヒッペルは「The Sources of Innovation」(von Hippel, 1988) を出版した。様々な産業におけるユーザー開発製品の技術的重要性と普及を論じた (von Hippel, 1988)。その中で、イノベーションにおけるアイデアの源泉としてリードユーザーの存在を明らかにし、リードユーザー法を提示した (Urban & von Hippel, 1988)。

1990年代から2000年代にかけて消費財におけるユーザーがイノベーションを起こしていることが明らかになり (Lüthje, 2000, 2004)、ツールキット法 (von Hippel, 2001)、ユーザーのイノベーションへの動機 (De Jong et al., 2015; Franke & Shah, 2003)、ユーザーイノベーションのプロセス (Lüthje, Herstatt, & von Hippel, 2005; von Hippel, 2005)、ユーザーイノベーションの結果 (Franke et al., 2006; Lilien et al., 2002) など多数の研究が蓄積された。エリック・フォン・ヒッペルは、2冊目の著書である「Democratizing Innovation」(von Hippel, 2005) に研究成果をまとめた。その後、分散型でオープンな形で生み出されるイノベーションのアイデアが注目され、イノベーションのアイデアの源泉として群衆（クラウド）に注目が集まるようになった (Franke & Lüthje, 2020)。

さらに、エリック・フォン・ヒッペルは3冊目の著書である「Free Innovation」(von Hippel, 2017) の中で、フリー・イノベーションという新たな概念を提示した。フリー・イノベーションは、「(1)消費者が自費で、無給の自由時間に生産し（つまり、報酬を得ていないということ）、(2)開発者の保護を受けないため、潜在的には誰もが支払いをすることなく無料で手に入れることができる、機能的に斬新な製品やサービス、あるいはプロセス」(von Hippel, 2017, p.1) と定義されている。つまり、フリーイノベーションは供給側である企業のイノベーション体系とは異なり、家計部門で行われるイノベーションを指している。このようにエリック・フォン・ヒッペルを中心として、ユーザーイノベーション研究は精力的に進められてきた。

2-2 ユーザーイノベーションの特徴

前項ではユーザーイノベーション研究の変遷を確認してきたが、ユーザーはどのような理由からイノベーションを起こすのであろうか？ とユーザーはイノベーションをどのように行っているのであろうか？ に関してユーザーイノベーションに関する既存研究からユーザーイノベーションの動機、ユーザーイ

ノベーションの方法と普及に関して確認する。

　まず、ユーザーはなぜイノベーションを起こすのであろうか？　という単純な疑問が生じる。本来、メーカーがユーザーのニーズを認識し、適切なソリューションの提案を行っていればユーザーがイノベーションを起こす必要はないからである。スポーツやアウトドアレジャーを行うユーザーが、自身の使用上の問題を解決するために、自ら新しいギアを開発する（Franke & Shah, 2003; Hienerth, 2006）など、ユーザーイノベーションにおけるユーザーの動機は、企業が提供する商品で解決できていない自身のニーズを解決するためである（von Hippel, Ogawa, & de Jong, 2011）。それでは、企業がユーザーのニーズを満たすソリューションを提示することが難しい理由はいかなるものであろうか。まず、ユーザーのニーズには多様でニッチなものがあるからである。多種多様なユーザーのニーズへの対応は、一般的に大多数のユーザーに向けて経済合理性や生産性を求める企業の戦略と適合しない。企業はコストと労力の観点から、それらのニッチなニーズに対応しきれないからである。次に、ユーザー側に存在するニーズ情報に「粘着性」があり、ユーザー側から企業側へ転送することが難しいからである（von Hippel, 1994）。ニーズ情報は、個人の体験に根差しているために暗黙的であり、ユーザーが説明することが難しいという側面がある（Shah, 2000）。さらに、企業側がユーザーの貴重なニーズ情報と認識せず、役に立たないアイデアであると認識する可能性もある（Schweisfurth, 2017）。このように、企業が対応しきれないニーズや認識できていない潜在的なニーズを解決するために、ユーザーは自らイノベーションを起こすのである。

　さらに、ユーザーは自身のニーズを解決することで便益を得ることを期待するだけでなく、そのイノベーションを起こす行為に対して、楽しみを見出し、学習の機会として認識し（Lakhani & Wolf, 2005）、知的好奇心を満たすことを求めていることもある（Füller, Mühlbacher, Matzler, & Jawecki, 2009）。簡単に言うと、イノベーションの作業自体が楽しいからイノベーションを起こすのである。また、ユーザーコミュニティに属しているユーザーは、そのコミュニティ内でメンバーから感謝されたり、評判を得たいがためにイノベーションを起こすことも明示されている（Franke & Schreier, 2008; Wu, & Sukoco, 2010）。

　次に、ユーザーはイノベーションをどのように行っているのかという疑問に

対して、ユーザーイノベーションのアイデアの創造と実行に関して確認する。ユーザーがイノベーションを起こす際のアイデア発案段階のニーズの特定では、既に持っている自分自身のローカル知識[2]を活用する（Lüthje et al., 2005）。つまり、一般的に企業の新製品開発において顧客ニーズの特定は市場調査を行い、顧客ニーズを探索することからスタートする。しかし、ユーザーがイノベーションを起こす際は、ユーザーの自らの経験から得られるニーズ知識を活用する（Franke & Lüthje, 2020）。そのニーズに対するソリューションの開発の段階においても、既に所有している知識や既存のリソースを活用する傾向がある（Lüthje et al., 2005）。ユーザー自身の趣味や以前従事していた仕事、興味のある分野からの知見を活用する。ソリューションに対する知識が不足する場合は、所属するユーザーネットワークやユーザーコミュニティの知見を活用する傾向もある（Franke & Shah, 2003）。そして、開発段階においてはプロトタイプのテストを自ら行う。自らプロトタイプを制作し、テスト環境に直接アクセスできることから、趣味や余暇の時間にそれらをテストし、テストでの不具合を修正する。すなわち、ユーザー自らの使用の場が実験の場であるため、テストを行う特別な場を必要とせず、イノベーションに対するPDCAを回すことが可能である。

　次に、ユーザーイノベーションのアイデアの普及に関して確認していく。ユーザーは自らが考案したイノベーションを自由に公開することで普及を促進している。実証研究においても、ユーザーは自らの設計した情報を公開し、さらに知的財産権を放棄し、他のユーザーが使用できることを認める傾向があることが明らかになっている（Harhoff, Henkel, & von Hippel, 2003）。医療機器（von Hippel, & Finkelstein, 1979）、図書館情報システム（Morrison, Roberts, & von Hippel , 2000）、スポーツ用品（Franke & Shah, 2003）にて同様の事例が報告されている。ユーザーは自身のニーズを解決するためにイノベーションを起こし、基本的に製品化や商業化を志向していない。イノベーションを公開することでユーザー自身の評判を向上させたり、ユーザーのキャリアや給与を増加させることも示唆されている（Lerner & Tirole, 2002）。

　このようにユーザーイノベーションは、自身の保有する知識やリソースを活用し、ユーザーが自らのニーズを解決するためにソリューションを考案するこ

とである。そして、その考案したアイデアに対して、自ら制作したプロトタイプを用いてテストを行い、修正を行うこともできる。自ら考案したアイデアを商業化する志向はなく、アイデアは自由に公開している。つまりユーザーイノベーションは、あくまで報酬を得ない個人的なものであり、企業の供給側のイノベーションとは異なる活動であると認識できる（von Hippel, 2017）。

2-3　企業が活用するユーザーイノベーションの手法

　前項ではユーザーイノベーションの概要を確認してきたが、イノベーションを起こすユーザーを企業が活用している事例も報告されている。企業がユーザーを活用してイノベーションを起こす代表的な手法として、以下の3つがある（図表2-2）。

　1つめは、クラウドソーシング法である。クラウドソーシング法は、インターネット上で不特定多数のユーザーを対象に行う公募型のアイデアコンテストである（Afuah & Tucci, 2012; Jeppesen & Frederiksen, 2006）。新製品開発クラウドソーシング法の成果には製品成果、プロセス成果、ラベル成果がある（西川, 2020）。製品成果は、クラウドソーシング法で開発された製品と伝統的製品開発により開発された製品を比較するものである。クラウドソーシング法で開発された製品は、伝統的な製品開発手法で開発された製品よりも市場でのパフォーマンスが高いことが明らかになっている（Nishikawa, Schreier, & Ogawa, 2013）。プロセス成果は、クラウドソーシング法に参加するユーザーがそのプロセスに関わることで、心理的所有感（Fuchs, Prandelli, & Schreier, 2010）、ブランドロイヤリティ（Shulga, Busser, & Bai, 2018）などを感じることから、非参加ユーザーよりも開発された製品に高い購入意向などを持つことである。ラベル成果は、クラウドソーシング法で開発された製品であることを消費者に伝える（例えば、店頭POPやEC販売画面などへの表示）ことで、購入意向などが高くなる成果である。無印良品が実際にクラウドソーシング法で開発された製品において、ラベルの有無による売上実績を比較したフィールド実験では、消費者のアイデアであるというラベルをつけたものがラベルなしのものより実際の売上が高い結果となった（Nishikawa, Schreier, Ogawa, & Fuchs, 2017）。

図表2-2　ユーザーを活用した製品開発手法

		クラウドソーシング法	ツールキット法	リードユーザー法
発案	アイデアの源泉	不特定多数のユーザー	特定のユーザー	リードユーザー
	アイデアの収集	インターネット上での公募	ユーザー自らがデザインするツールを提供	リードユーザーの探索→ワークショップ
製品化		メーカー主体の共創	メーカー主体	リードユーザーとメーカーとの共創
普及		非参加ユーザーへの普及（製品成果・発案者成果）	デザインしたユーザーのみ	非参加ユーザーへの普及（製品成果）
ユーザーのメリット		自身のニーズを製品に反映できる。	独自のニーズに沿った製品を入手できる。	先端のユーザーである自身のニーズに沿った製品開発ができる。
企業のメリット		多数のユーザーのニーズに対応できる。	多種多様なユーザーのニーズに対応できる。	先端のユーザーのニーズに対応できる。
顧客ニーズ		1つの製品で一定の規模の顧客ニーズに対応	多数の製品で一定の規模の顧客ニーズに対応	潜在的な顧客ニーズへ対応

（筆者作成）

　次に、ツールキット法である。ツールキット法は、ユーザー自らが自分の好みに沿ったデザインを行い、それを企業が視覚的にフィードバック可能なデザインツールであるツールキットを使用する（Franke, Keinz, & Steger, 2009）。まず、企業がツールキットをユーザーに提供する。ユーザーはそのツールキットを使用してセミオーダーやカスタマイズオーダーで自身のニーズに沿った製品をオーダーし、企業はその設計仕様にて製品を製造し販売する。PC、カスタムフード、Tシャツ、自動車、スニーカーなど様々な製品領域でツールキットが用いられている（Franke & Lüthje, 2020）。ツールキットは、自由にデザインできるものから、一定の制約条件の中で選択するものまでユーザーのデザイン可能な幅はそれぞれで異なる。さらにデザインしたものが、すぐにフィードバックされる機能を有していることが特徴である。ユーザーは自分のニーズに沿ったデザインや仕様の製品が入手でき、企業側は多様なニーズに対して受注生産という形で対応ができる。ツールキットを使用し開発された製品は、通常

の製品よりも独自性があり（Franke & Schreier, 2008）、消費者の支払い意思額が2倍になることが明らかになっている（Franke & Piller, 2004）。

最後に、本研究の対象領域のリードユーザー法である。リードユーザー法は、特定の領域において先端に位置する先進性と、自身が経験するニーズを解決することで便益を得ることを期待する高便益期待という2つの特徴を併せ持つリードユーザー（von Hippel, 1986）を活用した手法である。1980年代にエリック・フォン・ヒッペルがイノベーションを起こすユーザーをリードユーザーと定義した。その後、リードユーザー研究は数多くの研究が蓄積されてきた（Franke & Lüthje, 2020）。リードユーザー法の詳細は次節で述べる。

3．リードユーザー

リードユーザー研究において、アウトドア製品やスポーツ製品などの製品領域ではプロアマを問わずその分野における優れたユーザーを企業が雇用し、製品開発などで活用していることが報告されている（Hyysalo, 2009; Yu, 2021）。また、自身の余暇を活用しユーザーコミュニティの中で自社の製品を使用、開発する従業員や、製品のユーザーである会社からその製品を開発する会社へ移り、新製品開発に貢献する従業員である企業内ユーザー（incorporated users）の存在が明らかになっている（Wadell, Sandström, Björk, & Magnusson, 2013）。さらに、ユーザーとしてイノベーションを起こした後に自ら起業するユーザー起業家（user entrepreneur）に関する研究も蓄積されている（Baldwin et al., 2006; Shah & Tripsas, 2007; Yu et al., 2020）。

1980年代にエリック・フォン・ヒッペルが、ユーザーイノベーションを起こす人はある特徴を持ったリードユーザーに集中していることを発見した（von Hippel, 1986）。エリック・フォン・ヒッペルはリードユーザーを、「ある市場において一般的であると予測されるニーズに直面しているが、その市場の大多数がそのニーズに遭遇する数カ月から数年前に直面している。また、そのようなニーズに対する解決策を得ることで、大きな利益を得る立場にある。」（von Hippel, 1986, p.796）と説明している。つまり、リードユーザーは2つの特徴を有している。1つめが先進性（ahead of trend）である。先進性は、特定の製品

やプロセスのニーズに関連するトレンドの最先端に位置することである。2つめが高便益期待（high benefit expected）である。高便益期待は、自身が経験するニーズに対して、そのソリューションを得ることで便益を得られることを期待していることである。そのリードユーザーを企業が活用して、新製品開発を行う手法がリードユーザー法である。

リードユーザー法は、4つのステップで進めていく（図表2-3）。ステップ1で、リードユーザープロジェクト（以下、LUプロジェクト）の準備として、対象とする新製品やサービスの分野の選定、全体目標の設定、プロジェクトチームの選定などLUプロジェクトの基本計画の策定を行う。プロジェクトチームは、企画開発（R&D）、マーケティング、生産など様々な部門から横断的なメンバーとして編成される。ステップ2では、情報収集や専門家へのインタビューから対象とする分野のニーズやトレンドの特定を行う。トレンド情報は、技術開発からの情報や市場に影響を与える要因と関連する。ステップ3で、リードユーザーを特定し、ニーズとソリューションの情報を収集する。リードユーザーを探索し、特定する方法は2種類存在する（Franke & Lüthje, 2020）。1つめが、顧客データなどの多数のユーザーをフィルタリングして、先端のユーザーを識別するマススクリーニングの手法である。2つめが、ピラミッディングという専門的知識のあるユーザーを数珠繋ぎで辿っていく手法である。具体的には、特定の分野で専門性の高いユーザーに、より専門性の高いユー

図表2-3　リードユーザー法の流れ

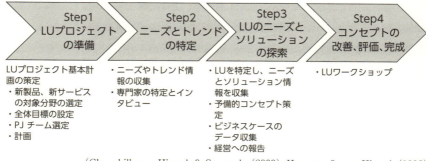

(Churchill, von Hippel, & Sonnack (2009), Herstatt & von Hippel (1992), Olson & Bakke (2001) をもとに筆者作成)

ザーを紹介してもらうプロセスを数回繰り返すことで、求める知見を持ったユーザーに達するという流れである。マススクリーニングの手法よりも、少ない労力で求める人材に辿りつけることが明らかになっている（von Hippel et al., 2009）。また、ピラミッディングの利点は、ターゲットとする市場ではないが同じ傾向を持つ類似市場からリードユーザーを探索できることも挙げられる（Franke, Poetz, & Schreier, 2014）。最後のステップ4で、リードユーザーを交えてワークショップを開催し、コンセプトの評価や改善を行ったのちに、完成させる（Herstatt & von Hippel, 1992; Olson & Bakke, 2001）。ワークショップは、企業の各メンバーも参加しブレインストーミングやグループディスカッションなどで、リードユーザーをはじめとする参加メンバーの創造性が発揮されるように行う。

　リードユーザー法の成果として、既存の製品と比較して、高い価格であっても好意的に認識され（Urban & von Hippel, 1988）、新規性、独創性、市場シェア、戦略的重要性が高い評価になる（Lilien et al., 2002）ことが明らかになっている。一方では、企業外のリードユーザーを活用することから、ピラミッディングという手法があれどもリードユーザーの探索やリードユーザー法の運用に時間と労力がかかることが課題とされている（von Hippel et al., 2009; Shah & Tripsas, 2007）。

4．企業内リードユーザー

　イノベーションを起こす企業外のユーザーに関する研究の蓄積がなされている中で、企業内の従業員によるユーザーイノベーションに関する研究として2つの潮流が存在する（Hartmann & Hartmann, 2023）。1つは、企業に存在する従業員が自身の仕事のプロセスにおいて、自らが使用することで利益を得ることができるイノベーションを開発する「従業員ユーザーイノベーション」（employee user innovation）に関する研究潮流である（Hartmann & Hartmann, 2023）。2つめが、自身が所属する企業の提供する製品やサービスにおけるリードユーザーの特徴を持った従業員である「埋め込まれたリードユーザー」（embedded lead users）に関する研究潮流である（Schweisfurth, 2012）。

Schweisfurth（2012）が定義する「埋め込まれたリードユーザー」(embedded lead users) はリードユーザーと企業内に所属する従業員という2つの特徴を併せ持つ人材に着目したものである（**図表2-4**）。つまり、企業内における通常の従業員との差異は、リードユーザーネスの高低であり、リードユーザーとの差異は、その製品やサービスを提供する企業に所属するか否かである。企業内で製品開発に従事するデザイナーなどの企画開発職においても、リードユーザーネスの高低によって、企業内リードユーザーと通常の従業員に分別することができる。本研究では、Schweisfurth（2012）が定義した「埋め込まれたリードユーザー」とその類似概念も含めて、ユーザーと従業員という2つの特徴を持ち（**図表2-4**）、自身のニーズ情報に対して自身が所属する企業のソリューションを活用し企業内でイノベーションを起こすユーザー（Schweisfurth, 2017）を「企業内リードユーザー」(lead users inside the firm) と呼ぶ（Schweisfurth, 2012; 本條, 2018）。次節から、企業内リードユーザーの既存研究を概観し、理論的背景を整理していく。

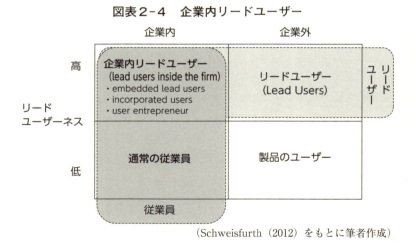

図表2-4　企業内リードユーザー

（Schweisfurth（2012）をもとに筆者作成）

5．レビュー方法

　本節では、企業内リードユーザーに関する既存研究を整理するためのレビュー方法を述べる。レビューはシステマティックレビューを採用した（Webster & Watson, 2002; 西川, 2020）。まず、本研究に関連する先行研究（Schweisfurth, 2012, 2017）や、著者の事前知識をもとに、検索キーワードを設定する。検索キーワードは、embedded lead user、lead user inside the firm、incorporated user、internal lead user、user entrepreneur、user entrepreneurship、user innovation originとし、オンラインデータベースのSCOPUSを使用して、タイトル、抄録、キーワードに検索キーワードが含まれる文献を抽出する。結果、抽出された文献は93件である。その93件の文献の情報からデータフォームを作成し、言語が英語でない文献1件、書籍やカンファレンスペーパー26件、本研究のテーマと関連しない文献42件、著者情報がない文献1件を削除する。残りの23件と、それらに引用される文献9件、日本語の文献1件を加え、結果として33件をレビュー対象とする。33件を、人に着目した企業内リードユーザーの特徴、成果に着目した企業内リードユーザーによるイノベーションに分類し、整理を行った。さらに、企業内リードユーザーの特徴において、研究対象となっている製品領域や、職種についても確認をした。

6．企業内リードユーザーの特徴

　企業内リードユーザーの特徴は、リードユーザーとしての特徴と従業員としての特徴がある（Schweisfurth & Raasch, 2015）。リードユーザー研究においては、リードユーザーを測る尺度であるリードユーザーネス（Franke et al., 2006; 本條, 2016）、リードユーザーネスの先行要因（Schreier & Prügl, 2008）、リードユーザーネスと他概念との関係性（Schreier, Oberhauser & Prügl, 2007; Schreier & Prügl, 2008）など、リードユーザーの特徴として多数の研究が行われている（本條, 2016）。企業内リードユーザー研究においては、これらのリードユーザーとしての特徴に、企業に属する従業員の特徴という観点を織り込んだ研究がな

されている（Schweisfurth, 2012）。イノベーションに貢献するリードユーザーとしての特徴に、企業の従業員としての特徴が掛け合わされることにより、商業的に魅力的なイノベーションにつながるが、マイナスの側面もあることが指摘されている（Schweisfurth, 2017）。以下、これらの点を順に確認していく。

6-1　リードユーザーとしての特徴

　まずリードユーザーとしての特徴である。リードユーザーの重要概念として、先進性と高便益期待からなるリードユーザーネスがある。先進性はニーズに関連する特定のトレンドで最先端に位置し、多くのユーザーより早くそのニーズを認識している特徴であり、高便益期待はそのニーズを解決することによって高い便益が得られると期待していることである（von Hippel, 1986）。この先進性と高便益期待の2つの特徴は、初期にはリーディング・エッジ・ステータス（Morrison, Roberts, & Midgley, 2004; Morrison et al., 2000）として提示されたが、その後リードユーザーネスとして概念化され（Franke et al., 2006）、数多くの研究でリードユーザーを測る尺度として用いられている（本條, 2016）。リードユーザーネスが高いほど、リードユーザーによるイノベーションの商業的魅力が高まることが明らかになっている（Franke et al., 2006）。

　企業内リードユーザーに着目した研究においても、先進性と高便益期待のリードユーザーネスがリードユーザーを測る尺度として使用されている（Schweisfurth, 2017; Schweisfurth & Raasch, 2015）。企業内リードユーザーのリードユーザーネスに関する研究として、リードユーザーネスの高さがリードユーザーかどうかを分別する尺度としてだけでなく、その他の概念との関連性に着目した研究がある。Schweisfurth and Raasch（2015）は、欧州の登山用品の企業4社を対象にアンケート調査を行い、リードユーザーネスと従業員のイノベーションに関連する顧客志向（情報の取得）、内部境界線での行動（情報の普及）、革新的な業務行動（情報の活用）の3つの項目との関係性を調べた。結果として、リードユーザーネスの高さが3つの項目に、正の影響となることが明らかになった。つまり、企業内リードユーザーが通常の従業員よりも、顧客志向であるためニーズ情報の取得に積極的であり、企業内外をまたがる活動を積極的に行うことで、それらの情報を企業内に普及させ、革新的な行動を行

うことにより、製品開発のイノベーションに貢献する特徴があるということである。

また、企業外のリードユーザーの研究で明示されているリードユーザーネスとその他の概念との関連性を、企業内リードユーザーで実証している研究がある。企業外のリードユーザーで実証されている結果（Schreier & Prügl, 2008; Schreier et al., 2007）をもとに、新製品の早期採用を測る尺度である領域限定的革新性（domain-specific innovativeness）と他のユーザーの購買行動に影響を与える程度を測る尺度であるオピニオンリーダーシップ（opinion leadership）に、企業内リードユーザーのリードユーザーネスの高さが正の影響を及ぼす、つまり企業内リードユーザーは新製品を早期に採用し、新製品の普及に貢献することが明らかになっている（Schweisfurth & Herstatt, 2015）。さらに、ユーザーネットワークへのアクセス、製品の使用経験、リードユーザーネスの高さが顧客への認知的共感を媒介して、領域限定的革新性とオピニオンリーダーシップに正の影響があることも明示されている（Schweisfurth & Herstatt, 2015）。企業内リードユーザーのリードユーザーネスの先行要因としては、起業家的自己効力感が直接的にリードユーザーネスに有意に正の影響を与え、ブートレッギング[3]を介在してリードユーザーネスに有意に正の影響を与えることが明らかになっている（Ghasemzadeh, Bunjak, Bortoluzzi, & Cerne, 2021）。

6-2　従業員としての特徴

次に、企業内に所属する従業員としての特徴である。企業内に存在し、従業員であることによりプラスとマイナスの側面が存在することが明らかになっている。プラスの側面として、3点ある。まず、企業内に所属していることで企業のイノベーションプロセスにおいて、様々な場面で関与することができる（Schweisfurth & Herstatt, 2016）。アイデア発案においては、自身のニーズに関する知識、外部リソースの活用、競合他社の情報などを活用し、開発段階においては、仕様設定や製品テストに貢献する。さらに、マーケティング段階においては、会社の代表者や製品の推奨者、オピニオンリーダーとして自社製品の普及を促進することが明示されている（Schweisfurth & Herstatt, 2016）。

次に、アイデアの発案段階で企業外のユーザーがアクセスできない企業内に

存在するソリューションの知識と、自身が持つニーズ情報を結合することができる（Schweisfurth, 2017）。一般的に、ニーズ情報はユーザー側に存在し、ソリューション情報は企業側に存在する（Ogawa, 1998; von Hippel, 1998）。よって、アイデアを商業的に普及していく場合、ソリューション情報やそれを具現化する技術知識、物理的資源などの資源が必要となり、企業側はそれらを保有している（von Hippel, 1994; Yu, 2021）。すなわち、企業の従業員であることで、ソリューション情報などを認識している可能性が高いと考えられる。

　最後に、所属する自社の技術能力を把握し、採用されやすいアイデアを認識しているために、実現可能性が高いアイデアを発案し、提供することで（Schweisfurth & Herstatt, 2016）、商業的な成果への貢献を行う。開発段階においては、企画開発部門と信頼関係を築くことができ、仕様設定や製品テストへの関与も行い、イノベーションに貢献することが明らかになっている（Schweisfurth & Herstatt, 2016）。さらに、普及段階においても企業に所属することで企業の戦略などを認識し、企業の関係資源を獲得し、それらを有効活用することで、商業的普及に貢献することも提示されている（Yu, 2021）。

　マイナスの側面として、Schweisfurth and Raasch（2020）は、企業内リードユーザーの特徴である企業に所属している従業員としてのアイデンティティと、ユーザーとしての側面を持つことによって生じるアイデンティティの、双方が高い場合において、その2つのアイデンティティの対立が、自身の仕事の満足度を低下させ、その満足度の低下を介して、イノベーションに負の影響があることを明らかにした。目標、価値観、規範として、ユーザーは個人のニーズを満たすことを優先し、企業や組織は市場の平均的なユーザーのニーズを満たすことを優先する。つまり、企業内リードユーザーはユーザーと企業の2つに組み込まれているために、その2つの目標や価値観、規範に差異があることで葛藤を感じ、仕事の満足度が低下するということである（Schweisfurth & Raasch, 2020）。また、プラスの側面の逆効果として、自社の技術能力やアイデアの自社における実現可能性を認識しているが故に、アイデアの価値に制限が出るなど、その組織固有の知識に固執する可能性があり、アイデア発案の創造性に関して負の影響があることも示唆されている（Schweisfurth, 2017）。

6-3　企業内リードユーザーの在籍する企業の製品領域と職種

　本節では、企業内リードユーザーの所属する企業の扱う製品領域とその企業内での職種を整理する（**図表2-5**）。企業内リードユーザーが在籍する企業の業種として、スキー・クライミング用具（Harrison & Corley, 2011）、登山用品（Schweisfurth & Raasch, 2015）、ゲームハードウェア（Schweisfurth & Herstatt, 2015）、義肢装具、車椅子、補聴器などのヘルスケア用品、ゲーミングチェアやレコードプレイヤーなどのレジャー用品（Schweisfurth & Herstatt, 2016）、家電製品（Schweisfurth, 2017）、電子機器（Schweisfurth & Dharmawan, 2019）、マウンテンバイク・オンラインゲーム（Schweisfurth & Raasch, 2020）などがある。技術的複雑性が低い、製品への関与度が高い、成熟度が低い製品領域で多く存在するとされる（Schmidt-Keilich & Schrader, 2019; Schweisfurth, 2012）。さらに、メーカーではなく小売業において、スポーツ用品小売業や食品スーパーに企業内リードユーザーが存在することが明らかになっている（清水, 2019）。ユーザーが自身のニーズを解決するためのイノベーションをもとに起業を行うユーザー起業家においても、スポーツ用品（Franke & Shah, 2003）、ロデオカヤック製品（Baldwin et al., 2006）、子供用品（Shah & Tripsas, 2007）、釣具用品（Yu et al., 2020）、デジタル機器（Schiavone, Tutore, & Cucari, 2020）、アニメーション（Haefliger, Jäger, & Von Krogh, 2010）、ビデオゲーム（Del Bosco, Chierici & Mazzucchell, 2020）などの製品領域において報告されている。

　そして、企業内リードユーザーの所属する企業における職種に関しては、スポーツ用品や消費財の産業においては、デザインや企画開発部門にユーザーが多いことが明らかになっている（Yu, 2021）。しかし、具体的に職種に触れられている研究は多くはなく、製品管理、開発、マーケティング、販売、オペレーション、人事や財務などの管理部門や、自ら起業するユーザー起業家など、様々な職種で存在するとされる（Schweisfurth, 2017; Schweisfurth & Herstatt, 2015）。前述の小売業においては、小売店舗販売員リードユーザーが企業のイノベーションに貢献していることが明らかになっている（清水, 2019）が、事例研究にとどまっている。

図表2-5　企業内リードユーザー研究の製品領域と職種

先行研究	製品領域	職種
Baldwin, Hienerth, & von Hippel（2006）	ロデオカヤック	ユーザー起業家
Del Bosco, Chierici & Mazzucchelli（2020）	ビデオゲーム	ユーザー起業家
Fauchart & Gruber（2011）	スポーツ用品	ユーザー起業家
Franke & Shah（2003）	スポーツ用品	ユーザー起業家
Ghasemzadeh, Bunjak, Bortoluzzi, & Cerne（2021）	造船、ボート関連	職種の限定なし
Haefliger, Jäger, & Von Krogh（2010）	アニメーション	ユーザー起業家
Harrison & Corley（2011）	スキー、クライミング用品	職種の限定なし
Hyysalo（2009）	カヤック	職種の限定なし
Schiavone, Tutore, & Cucari（2020）	パーソナルサービス、小売、建設、テクノロジー、飲食、製造	ユーザー起業家
Schweisfurth（2017）	家電製品	開発、マーケティング、販売、オペレーション、人事、財務
Schweisfurth & Dharmawan（2019）	電子機器	製造現場従業員
Schweisfurth & Raasch（2015）	登山用品	職種の限定なし
Schweisfurth & Herstatt（2015）	ゲームハードウエア	マーケティング、セールス、研究開発、製品管理
Schweisfurth & Herstatt（2016）	スポーツ用品（自転車、スキーなど）、ヘルスケア（義肢装具、車椅子、補聴器）レジャー用品（ゲーミングチェア、レコードプレイヤーなど）	製品管理、マーケティング、デザイナー、広報
Schweisfurth & Raasch（2020）	マウンテンバイク、オンラインゲーム	職種の限定なし
Shah & Tripsas（2007）	子供用製品	ユーザー起業家
Yu（2021）	－	職種の限定なし
Yu, Kohlbacher, & Ogawa（2020）	釣具用品	ユーザー起業家
Wadell, Sandström, Björk, & Magnusson（2013）	医療用製品	医師、看護師
清水（2019）	スポーツ用品小売業、食品スーパー	店舗販売員

（筆者作成）

7. 企業内リードユーザーによるイノベーション

　この節では、企業内リードユーザーによるイノベーションに関して、「アイデアの創造（発案、開発）」と「アイデアの実行（実装、普及、起業）」という2つのフェーズ（Hammond, Neff, Farr, Schwall & Zhao, 2011; Schweisfurth, 2012）において、どのようにイノベーションに貢献しているのかを確認する。

7-1　企業内リードユーザーによるアイデアの創造（発案、開発）

　企業のイノベーションプロセスにおいて、企業内リードユーザーは知的リソースとソーシャルリソースを活用していることが明示されている（Schweisfurth & Herstatt, 2016）。知的リソースは、対象製品を使用することによって得られる使用知識、その使用中に起きる問題を解決するための技術知識、アイデアの組織への適合性や実現可能性を評価することができる組織に関する知識である。ソーシャルリソースには、ユーザーネットワークや企画開発職との密な関係を構築する構造的リソース、企業内での高い信頼性と評判である関係性リソース、ユーザーとしての視点と企業側の視点の双方を併せ持つ認知リソースがある。これらのリードユーザーとしてのリソースと、従業員として活用できるリソースを用いて、アイデアの創造に貢献していることが明らかになっている（Schweisfurth & Herstatt, 2016）。

　それでは、企業内リードユーザーはアイデアの創造の段階において、実際にどのようにアイデアを自身が所属する企業に提供しているのだろうか。まず、企業内リードユーザーは、自身が使用中に直面する問題を解決するために、自身のニーズ情報からアイデアを提供する。自身のニーズ情報からのアイデア以外では、アイデア創造のために外部ソースを活用する。例えば、仲間のユーザーを観察することで製品の課題を認識する、他のユーザーから情報提供を受けることでユーザーと企業の仲介者となる、競合の製品を利用しテストすることから得られるアイデアを自社に提供することなどがある（Schweisfurth & Herstatt, 2016; Wadell et al., 2013）。さらに、アイデア創造の次の段階である開発フェーズにおいては、ニーズを技術情報に変換する仕様設定への関与や製品

テストで自社にフィードバックを行うことが分かっている（Hyysalo, 2009; Schweisfurth & Herstatt, 2016）。

　企業内リードユーザーにより創造されたアイデアの評価に関する研究において、代表的なものとしては、Schweisfurth（2017）が家電業界をサンプルに企業内リードユーザーのアイデアを通常の従業員、企業外のリードユーザー、企業外の通常のユーザーのアイデアと比較した研究がある。リードユーザーネスの高さがアイデアの独創性、ユーザー価値、市場性の評価に有意に正の影響を与えるが、企業内所属であることが市場性の評価においては有意な影響はなく、アイデアの独創性、ユーザー価値の評価では有意に負の影響を与えていた。つまり、企業内リードユーザーのアイデアは通常の従業員や通常のユーザーのアイデアより、独創性、ユーザー価値、市場性において評価が高く、企業外のリードユーザーのアイデアと比較すると独創性、ユーザー価値においては評価が高い結果とはならなかった。一方では、企業の知識流出を防ぐことやリードユーザーの探索に時間がかからないこと、リードユーザーとの共創によるコストと労力を軽減する効果が期待できることが示唆されている（Schweisfurth, 2017）。

　清水（2019）は、事例研究として小売業にも企業内リードユーザーが存在することを明らかにしている。スポーツ用品の小売業であるゼビオでは、自らが競技やアクティビティの経験を持つ店舗販売員をスポーツナビゲーターと呼び、半年に一度の商品構成会議や、取引先メーカーの商品展示会、週１回の本社商品部門との会議において、スポーツナビゲーターを交えて議論を行うことで、製品開発や製品構成に活かす仕組みを構築している。そのスポーツナビゲーターは自身のニーズに対しての提案を行う側面もある。さらに、食品スーパーのハローデイでは、パートタイマーが魅力ある店舗づくりや商品開発に貢献している。店舗販売員から商品を活用した料理提案などを「ハロリンピック」という社内コンクール方式で表彰する取り組みである。評価の高い提案は他店舗へ水平展開されることもある。成果として、顧客に近い店舗販売員のアイデアのために説得力があることや、店舗販売員のモチベーション向上につながっている。以上のように、メーカーの企画開発部門の従業員だけでなく、リードユーザーの資質を有した小売企業の店舗販売員が、自ら扱う製品のユーザーと

して所属する企業のアイデア創造段階でのイノベーションに貢献していることが明示されている（清水, 2019）。

7-2 企業内リードユーザーによるアイデアの実行（実装、普及、起業）

企業内リードユーザーが新製品開発のアイデア創造だけでなく、製品の実装や普及、起業においても貢献することが明らかになっている（Schweisfurth & Herstatt, 2016）。企業内リードユーザーは、他のユーザーから所属する企業の代表的存在として認知され、製品の普及に対して影響を及ぼす。また、ユーザーコミュニティのオピニオンリーダーとしても機能することで製品普及を促進する（Schweisfurth & Herstatt, 2016）。この企業の代表的存在、オピニオンリーダーはともに、企業内リードユーザーが企業の従業員として積極的に役割を実行しているわけではなく、他のユーザーやユーザーコミュニティから認知され、製品の普及に間接的に関与しているとされている（Schweisfurth & Herstatt, 2016）。

企業内リードユーザーのアイデアは実際に実装され、普及する可能性が高いことも明らかになっている。Schweisfurth and Dharmawan（2019）は電子機器会社で従業員のリードユーザーネスとその従業員から提案されたアイデアの数、その提案されたアイデアが実行された数、また提案されたアイデアがその他の製品ラインに拡張した数との関係を調べた。発案者のリードユーザーネスの高さが、アイデアが実行され、アイデアが他の製品ラインに拡張される可能性が高くなることに有意に正の影響を与えていることがわかった。具体的にはリードユーザーのアイデアが、非リードユーザーのアイデアよりも実装される可能性が2.3倍高く、普及する可能性が3.7倍高くなることが明らかになった。企業内リードユーザーは質の高いアイデアを出すだけでなく、オピニオンリーダーであること、ユーザーネットワークの中心にいること、発案したアイデアがその企業でテストされ、アイデアの概念実証を提供することにより、実装と普及に貢献することが示唆されている（Schweisfurth & Dharmawan, 2019; Wadell et al., 2013）。

普及する過程でのチャネル選択に関して、企業内リードユーザーはイノベーションを仲間内での拡散ではなく、生産者である自社に拡散し、商業的な普及

を志向することも明らかになっている（Yu, 2021）。企業内に所属していることで、自身のイノベーションを企業外に開放する欲求が減衰する。そして、イノベーションを仕事の一部として捉えることで利益を期待し、商業的な可能性とノウハウを把握することで商業的普及は困難ではないと認識する可能性があるからである（Yu, 2021）。さらに、ユーザーイノベーションの技術的な進歩が顕著な場合において、企業の内外を問わずリードユーザーが生産者にイノベーションを普及させる可能性を増加させることも明らかになっている（Yu, 2021）。

ユーザーが自らのニーズを満たすことを目的としたイノベーションに基づいて、自ら起業することで、他のユーザーに向けて生産し販売する「ユーザー起業家」[4]の研究も蓄積されている（Shah & Tripsas, 2007）。ユーザー起業家は、自身の経験する問題に対応する製品が市場に存在しないことを認識し、その自身のニーズに対応する製品のプロトタイプを作成することからスタートする。そのプロトタイプを他の人に見せ、その評判の高さから起業を判断する（Shah & Tripsas, 2007）。つまり、初期のイノベーションの普及の目的は、利益追求ではなく自身のニーズや所属するユーザーコミュニティのニーズを解決するために起業するということである（Fauchart & Gruber, 2011; Yu et al., 2020）。

8．本章のまとめと研究課題

本章では、まずユーザーイノベーション研究、リードユーザー研究を俯瞰し、類似概念を含めた企業内リードユーザー研究を整理した。次に、既存の企業内リードユーザー研究から、企業内リードユーザーの特徴をリードユーザーと従業員の2つに分類し、企業内リードユーザーの所属する企業の扱う製品領域や、従事する職種に関しての整理を行った。さらに、企業内リードユーザーの企業内におけるイノベーションへの貢献をアイデアの創造（発案、開発）、アイデアの実行（実装、普及、起業）としてまとめた（**図表2-6**）。

その結果、3点が明らかになった。

第一に、企業内リードユーザーの特徴として、リードユーザーを測定する尺度であるリードユーザーネスの高さがアイデア評価に影響を及ぼしていること（Schweisfurth, 2017; Schweisfurth & Raasch, 2015）、リードユーザーネスとその

他の概念との関係性が明らかになっていること（Schweisfurth & Raasch, 2015）が分かった。これは、企業外のリードユーザーの特徴と差異はなく、企業内外問わず共通の特徴である。さらに、企業内リードユーザーのもう1つの特徴である従業員の特徴として、プラスの側面とマイナスの側面が存在することが確認された。プラスの面として企業に所属していることにより、イノベーションプロセスに関与しやすいこと（Schweisfurth & Herstatt, 2016）、企業内に存在する資源を活用できること（Schweisfurth, 2017）、自社の資源を認識しているため、実現可能性の高いアイデアを呈すことが可能であること（Schweisfurth & Herstatt, 2016）が明らかになっている。一方では、マイナスの側面として、アイデアの価値に制限が出ることが示唆されている（Schweisfurth, 2017）。

　第二に、企業内リードユーザーが所属する企業の製品領域として、スポーツ用品やレジャー用品など嗜好性や趣味性が高く、技術的複雑性が低い、製品への関与度が高い、成熟度が低い製品領域で多く報告され（Schmidt-Keilich & Schrader, 2019; Schweisfurth, 2012）、企業内リードユーザーの職種に関しては、企画開発職だけでなく、様々な職種で存在することが確認された。

　最後に、企業内リードユーザーのイノベーションにおいては、アイデアの創造としてアイデア発案、開発から、アイデアの実行として普及、実装、起業に関与していることが明らかになっている。

　一方では、企業内リードユーザーに関する研究は、2010年代の中頃から急速に研究が進んではいるが比較的新しい研究領域のため、まだ十分な研究蓄積があるとはいえない。そこで企業内リードユーザーの先行研究の整理を踏まえた上で、(1)企業内リードユーザーが実際の企業においてどのようにイノベーションに貢献し、成果を上げているかに関して具体的な事例を用いた研究が少ない、(2)企業内リードユーザー発案製品のアイデア評価が高いことが明らかになっているが（Schweisfurth, 2017）、リードユーザーネス以外の先行要因が、明らかになっていない、(3)企業内リードユーザーの発案した製品が、実際の市場に投入された際の市場パフォーマンスの評価、すなわち商業化された製品に関する研究が管見の限り見られない、という3つの研究課題を提示する。

図表2-6　企業内リードユーザーに関する主な先行研究

分　類	先　行　研　究
特徴	Ghasemzadeh, Bunjak, Bortoluzzi, & Cerne（2021） Harrison & Corley（2011） Hyysalo（2009） Schmidt-Keilich & Schrader（2019） Schweisfurth & Raasch（2015） Schweisfurth & Herstatt（2015） Schweisfurth & Herstatt（2016） Schweisfurth & Raasch（2020） Wadell, Sandström, Björk, & Magnusson（2013）
アイデアの創造 （発案・開発）	Schweisfurth & Herstatt（2016） Schweisfurth（2017） 清水（2019）
アイデアの実行　普及	Schweisfurth & Herstatt（2016） Yu（2021）
アイデアの実行　実装・普及	Schweisfurth & Dharmawan（2019）
アイデアの実行　起業	Baldwin, Hienerth, & von Hippel（2006） Del Bosco, Chierici, & Mazzucchelli（2020） Fauchart & Gruber（2011） Franke & Shah（2003） Haefliger, Jäger, & Von Krogh（2010） Schiavone, Tutore, & Cucari（2020） Shah & Tripsas（2007） Yu, Kohlbacher, & Ogawa（2020）

（筆者作成）

8-1　企業内リードユーザーによるイノベーションに関する研究課題

　企業内リードユーザー研究における3つの課題を順に確認していく。

　第一に、企業内リードユーザーが実際の企業においてどのようにイノベーションに貢献し、成果を上げているかに関して具体的な事例を用いた研究が少ないという課題が存在する。Schweisfurth and Herstatt（2016）では、定性調査で企業内リードユーザーに関する調査を行っているが、実際の企業で企業内リードユーザーを活用してどのようにイノベーションに貢献しているかが明示されていない。企業内リードユーザー研究を拡張していく上で、企業内リード

ユーザーをどのように活用して、どのような成果を挙げているかを一貫して考察することが必要である。企業内リードユーザーがどのように企業内でイノベーションに貢献するかを明らかにすることは、学術的に企業内リードユーザー研究を拡張すること及び、実務的に企業が実際に自社に存在する企業内リードユーザーを積極的に活用することを促進することにつながり、非常に意義のあることであると考えられる。

　第二に、企業内リードユーザーのアイデアに影響を及ぼす要因が解明されていない点である。企業内リードユーザー発案製品のアイデア評価が高く、リードユーザーの特徴であるリードユーザーネスの高さがアイデア評価に有意に正の影響を与えることが明らかになっている（Schweisfurth, 2017）が、一方ではリードユーザーネス以外の先行要因が明らかになっていない。企業内リードユーザーは、リードユーザーとしての特徴と従業員としての特徴を併せ持つが、その従業員としての特徴においてイノベーションにプラスの側面とマイナスの側面が存在する（Schweisfurth, 2017; Schweisfurth & Herstatt, 2016）。企業外に存在するユーザーと比較して、企業に所属する従業員であることによって得られるリソースや知識などイノベーションにプラスの影響を与える要因を明示する必要がある。企業の新製品開発において、企業内リードユーザーが発案し、企業内において製品化されていくプロセスで、企業内リードユーザー個人の特性や企業側の関わり方などアイデア評価に影響を及ぼす様々な先行要因が想定される。その企業内リードユーザーのアイデアに影響を及ぼす先行要因を明らかにしていくことは企業内リードユーザー研究を拡張していく上で重要であると考えられる。

　最後に、企業内リードユーザー発案製品の製品成果において、最終的な成果が十分に解明されていない点である。企業内リードユーザーの製品開発における製品成果に関して、実際の市場に投入される製品開発のプロセスや市場パフォーマンスの評価、すなわち商業化された製品に関する研究は、管見の限り見られない。これは、実際の売上実績などの実務的なデータの取得が難しいことが要因であると考えられる。企業内リードユーザーは、新製品開発においてアイデア発案だけでなく、企画開発やデザインにも関与し、最終の製品化にも影響を及ぼす（Schweisfurth & Herstatt, 2016）。すなわち、アイデアの評価が高

いだけでなく、そのアイデアを実際に具現化し、市場に投入した際のパフォーマンスも高いと考えられ、企業が実践したデータをもとに、企業が活用に積極的になるような研究の蓄積が必要である。

8-2　小売業と小売店舗販売員への着目

　企業内リードユーザー研究の課題を前提に、研究対象として企業内リードユーザーが所属する企業の業種と企業内リードユーザーの職種において、本研究では小売企業の店舗販売員に着目する。以下に理由を述べる。

　新製品開発においてメーカーではなく、小売業の存在感が増している。従来は、メーカーが開発した製品を小売業が販売するという商流が常道であったが、チェーンオペレーションによる大規模化により小売業の存在感が増すにつれて、競合との差別化も踏まえてプライベートブランドを開発し展開する企業が増えている（Kwon, Lee, & Kwon, 2008）。日本国内においてもスーパーマーケット、コンビニエンスストア、ドラッグストアなど多種多様な小売業が、顧客ニーズに沿った製品開発を行い競合他社との差別化を図ることで、成果を上げている（宮下, 2011）。これは、メーカーより顧客に近い小売業が店頭を起点として、自社のPOSデータなどの定量情報や、様々な手法で収集した定性データなどの顧客情報を所持していることに起因する。さらに、日本国内ではユニクロやニトリなど小売業でありながら垂直統合型のサプライチェーンを志向するSPA（Speciality store retailer of Private label Apparel）[5]企業の勢いが増している。その小売業において、直接の顧客接点から顧客ニーズを最初に直接的に認識しているのは小売店舗販売員である（Sharma, 2001）。小売店舗販売員の役割は、顧客に接して販売をするだけでなく、自社製品のプロモーションや自社製品開発への関与など多様化してきており、小売業において店舗販売員の活用は重要な位置付けとなっている。

　そこで、前節で提示した企業内リードユーザー研究の研究課題に答えるためにリードユーザーの特性を持った小売店舗販売員を研究対象とし、企業内リードユーザー研究を小売店舗販売員に関する研究と連結し、拡張することを目指す。よって、本書でのリサーチクエスチョンとして、

「小売店舗販売員リードユーザーは企業でどのように新製品開発に貢献し、どのような成果を出しているのであろうか？」

を提示する。

9．本研究の研究対象

本研究の研究対象は小売店舗販売員リードユーザーであるが、中でもリードユーザーにより開発された製品は、製品寿命が短く、変化の速い市場の製品やサービスでより成果が出ることが明らかになっている（von Hippel, 1986）ことから、製品寿命が短く、変化の速い市場であるアパレル小売業の小売店舗販売員リードユーザーを分析対象とする。伝統的製品開発における通常の市場調査では、ニーズの取得から製品の市場への投入までの時間軸が長いために、製品寿命が短い場合には投入した時点での需要が変化してしまっている可能性がある。一方で、リードユーザーは先行して通常のユーザーが直面する問題を前もって経験し、それらを解決し製品化することが可能である（Franke et al., 2006）。すなわち、製品寿命が短い製品領域においても、一般的な消費者が必要とする時期に市場へ投入できると考えられる。アパレル製品は、一般的に時代性を表すトレンド製品と長く着用できる定番製品という位置付けの差はあるが、消費財と比較すると、製品ライフサイクルは圧倒的に短く、変化の激しい市場環境にある。

アパレル小売業の中でも、本研究は企業内の人材と共創による製品開発を行っており、また希少なデータの取得ができたという理由から、株式会社ユナイテッドアローズ内のグリーンレーベルリラクシング（以下、GLR）というブランドを調査対象とした。

GLR内における製品開発プロセスはディレクターがクリエイティブの指針となるクリエイティブディレクションを発信し、それと並行してマーチャンダイザー[6]がマーケット調査から製品計画を立案し、それをデザイナーが製品デザインへ落とし込んでいく。その後、社内の生産部門が素材調達から生産工場選定などを行い量産化していく流れである。それらのオリジナル製品はバリエー

ションの豊富さとクオリティと価格のバランスの良さから、消費者からの評価が高い。マーケット調査の時点で、店頭の販売員が消費者から収集した情報を吸い上げる仕組みは存在するが、実際の製品のアイデアは、企画開発プロセスの一連の流れの中で、多数の消費者に向けて企業内デザイナーが発案する。企業内デザイナーは、ファッションデザインに関する専門教育を受け、ファッションに関する知見が豊富であり、市場でのパフォーマンスの高い製品開発に貢献している。そのGLRにおいて、リードユーザーの資質を持った自社の店舗で働く店舗販売員を活用した新製品開発を行っている。「共創プロジェクト」と社内で呼ばれ、成果が出ている。

　本研究は、前節で提示した研究課題に答えるために、4つの研究（第3章、第4章、第5章、第6章）から構成されるが、すべての研究においてリードユーザーの資質を持った小売店舗販売員を活用した新製品開発を行っているGLRの共創プロジェクトの事例を対象とする。

図表2-7　小売店舗販売員リードユーザーを活用した新製品開発の流れ

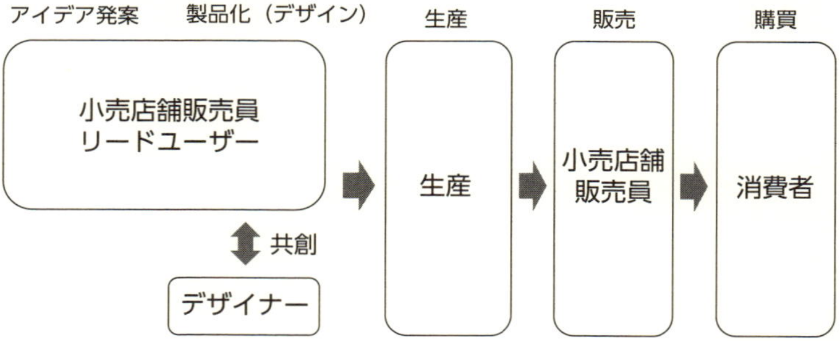

アイデア発案　製品化（デザイン）　生産　販売　購買

小売店舗販売員リードユーザー　⇅　共創　→　デザイナー　⇒　生産　⇒　小売店舗販売員　⇒　消費者

（筆者作成）

[注]
1　本章の内容は以下の論文（招待査読あり）を修正したものである。
　渡邉裕也（2022a）.「企業内リードユーザー」『マーケティングジャーナル』41(4), 71-79.
2　ローカル知識は、個人がすでに所持している知識のことである（Kalogerakis, Lüthje, & Herstatt, 2010）
3　ブートレッギングとは、意欲的な個人が、ボトムアップ型で共同的なイノベー

ションプロセスを密かに行うことである (Augsdorfer, 2005)。類似の例として，米国企業の3Mが業務時間の15%を従業員に創造的な活動をすることを奨励している事例がある (Shalley & Gilson, 2004)。

4　ユーザー起業家に関しては，ユーザーアントレプレナー (User Entrepreneur)，ユーザーアントレプレナーシップ (User Entrepreneurship) として研究が蓄積されている (Agarwal & Shah, 2014)。

5　SPA (Speciality store retailer of Private label Apparel) は，「製造小売業」と訳され，製造から小売までを垂直統合した形態を指す (平井, 2016)。

6　マーチャンダイザーは，商品開発や商品構成の計画設計と実践管理を行う職種である。

第3章

小売店舗販売員による
イノベーション[1]

1. 本章の概要

　「店頭でのVMDや販売技術はもちろんですが、ユナイテッドアローズ社の販売員のすばらしいところは、お客様と商品に対する関心、そして知識をもとにした、情報収集力です。お客様や商品について知りたいという意識が高いため、常にアンテナが立っている状態になっています。ですから見るもの聞くものすべてから商品に対する情報が集積されていくのです。（中略）それだけでなく、『今店頭にはないが、お客様が潜在的にほしがっているモノはなにか』をヒアリングで聞き出したり、他社の店舗を回って情報収集したりと、言ってみればあたりまえのことをしているのですが、その情報から正しいものを判断する、いわゆる裏付けされた商品に関する知識を持っている人が多いのです。」（富島、2015）

　日本と米国における小売業に従事する従業員の生産性の比較では、日本の生産性は米国の約3～4割程度の水準に留まる（滝澤・宮川、2018）。その理由の1つとして、日本の小売業では、米国の小売業と比較して、店舗販売員を多く投入し、きめ細やかなサービスを行っているが、そのサービスが価格に転嫁できていないことが挙げられる（深尾・池内・滝澤、2018）。
　こうした中、店舗販売員を、単にサービスの提供者としてだけでなく、新たなイノベーションの源泉と捉え、成果をあげる日本の先進的企業が存在する。それが、ユナイテッドアローズ（以下、UA社）である。同社は、売上高1,342億円をあげ、日本国内店舗数301店舗を持つ国内有数のアパレル小売業で、2013年にポーター賞を受賞するなど、優れた戦略を実行する企業として評価されている。UA社は、創業者の重松理氏が1989年に創業し、栄枯盛衰の激しいアパレル小売業界において着実に業績を伸ばしてきた。1999年に株式を店頭公開し、2002年東証二部を経て2003年には東証一部（現在は、プライム市場）に昇格をした。創業当初はメンズ製品、ウィメンズ製品、小物雑貨などを海外や国内のメーカーから買い付けて、スタイリング提案[2]などで編集を行い、付加価値を付けて販売するセレクトショップ[3]であったが、業績が拡大していく中で、社内で企画から生産までの開発を行うプライベートブランド（オリジナル

製品)[4]を展開していった。現在、同社ではユナイテッドアローズ、ビューティーアンドユース、グリーンレーベルリラクシングの3つの基幹ブランドに加えて複数のブランドを店舗とECにて展開する。

同社は「すべてはお客様のためにある」を社是とし、お客様価値の創造を最も大切にしている（United Arrows, 2024a）。お客様価値創造の源泉が人的資本であり、人的資本への投資を拡大している。UA社では、「従業員」を「経営理念に共感し、共にその実現を目指す仲間であり、理念実現に必要な人的資本」と捉え、「メンバー」と呼んでいる（United Arrows, 2024b）。特に、店舗に所属する店舗メンバーに対して教育機会の拡充やセールスマスター制度の運用などの取り組みを行い、店舗メンバーを重要な経営資源として捉えている。

そのUA社の中核ブランドであるグリーンレーベルリラクシング（以下、GLR）では一部の製品において、顧客ニーズを把握している店舗メンバーを新製品開発に巻き込み、顧客ニーズを満たしながら半歩先の提案を行うことで成果を出している（渡邉、2022b）。本章では、GLRの共創プロジェクトを概観していくことで、小売店舗販売員によるイノベーションに関して理解を深めていく。まず、共創プロジェクト導入の背景、および共創プロジェクトの概要、そ

画像3-1　グリーンレーベルリラクシング　青森ELM店

（ユナイテッドアローズより画像提供）

こから生まれた新製品を説明し、本事例についての理解を深める。そして最後に、小売店舗販売員によるイノベーションの可能性を考察する。

２．共創プロジェクト導入の背景

　GLRでは、アパレル業界特有の問題に直面していた。アパレル製品は、季節や流行の変化が速いことから販売期間が短いにもかかわらず、企画から発売まで３ヶ月〜半年程度と時間がかかるため、現在の顧客ニーズ、つまり顕在ニーズを製品に反映させるだけでは、販売される頃には旬を過ぎていて売れないという問題があった。そのため、アパレルメーカーのデザイナーは、半歩から一歩先の顧客ニーズ、つまり潜在ニーズに対応する製品を開発する必要があった。
　こうした中、GLRは製造小売業であるため、デザイナーは自らのデザインの専門知識に基づくだけでなく、POSデータや、自らの店頭販売員からもたらされる情報をもとに、流行の変化を把握することができ、潜在ニーズを想定した新製品を開発しやすい状況にあった。それにより、一定の成果を上げることはできていたが、GLRの開発責任者は、この手法だけで、顧客の潜在ニーズを捉えることに限界を感じていた。
　この限界を突破するために、開発責任者は、顧客の潜在ニーズを把握している店舗販売員のアイデアをもとに新製品を開発する「共創プロジェクト」を、2018年より始めた。こうした中、開発責任者は、「企業内リードユーザー」あるいは「埋め込まれたリードユーザー」と呼ばれるイノベーションを起こす従業員に関する研究（Schweisfurth, 2017; Schweisfurth & Herstatt, 2016）や、日本の小売業のゼビオやハローデイにおいて、企業内リードユーザーといえる店舗従業員が起こしたイノベーションの事例研究（清水, 2019）を知った。企業内リードユーザーとは、自らの使用経験をもとにイノベーションを起こすリードユーザーでありつつ従業員である人材で、彼らの「先進性」と「高便益期待」といったリードユーザーネスの高さが、イノベーションをもたらしていることがわかった（Schweisfurth, 2017）。先進性とは、「既存の製品では満足されないニーズをターゲット市場の他のユーザーよりも先に感じ、製品や解決策を見出す」という特徴であり、高便益期待は「ニーズが解決されることによって、自

分に利益がもたらせると信じて、革新に動機づけられる」という特徴である（von Hippel, 1986）。先行研究からは、「先進性」という特徴をもつ企業内リードユーザーが、潜在ニーズを捉えたアイデアを発案する可能性が高いことが示唆され、GLRにおいて共創プロジェクトを推進していく理論的背景となった。

3．共創プロジェクトの概要

開始にあたり、開発責任者は、メンバーと進行方法を議論した。試行錯誤する中で修正し、現在は次の6つのステップ（**図表3-1**）で実施している。

図表3-1　共創プロジェクトの流れ

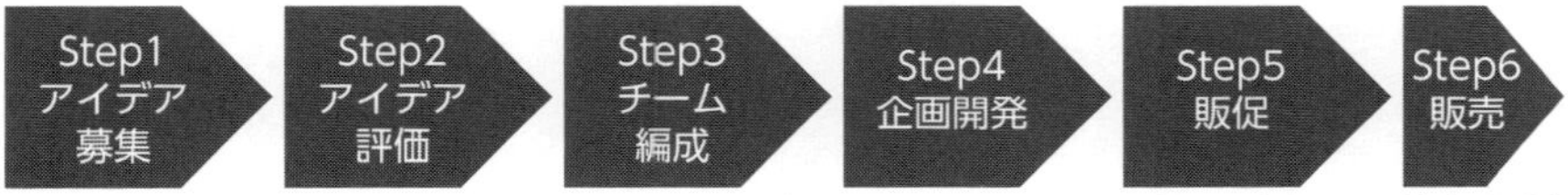

| Step1 アイデア募集 | Step2 アイデア評価 | Step3 チーム編成 | Step4 企画開発 | Step5 販促 | Step6 販売 |

（ユナイテッドアローズ提供資料より筆者作成）

3-1　アイデア募集

まず、Step 1 では、GLR全店舗の約700名の店舗販売員に向けて新製品のアイデア募集を行う。1回の募集につき、40～60点ほどの応募がある。多数のアイデアを募るために、以下の4つの工夫が実施されている。

第1に、応募に際して社歴を問わない点である。入社1年目でも応募可能である。

第2に、シンプルな応募フォーマットにしている点である。店舗販売員は、接客販売業務やバックルーム作業など通常業務で多忙だからである。さらに、資料作成に不慣れなメンバーも多く、アイデアのイメージとその理由だけを自由に記載できるフォーマットにし、応募のハードルを下げている。

第3に、アイデアに関して、ほとんど制約を設けていない点である。アイデアを考えるにあたって顧客の設定や目標とする売上や利益などの制約が存在すると、店舗販売員が、成果がでやすい顕在化しているニーズに囚われる可能性があるからである。店舗販売員の先進性や高便益期待を活かしたアイデアを収

集するために、自身が着用したい製品のアイデアと、その販売時期（着用時期）を記載することのみを条件にしている。

　第4に、ブランド全体の取り組みとしている点である。企画開発部門と販売部門のマネージャーが積極的に関与し、店舗販売員に応募するように働きかけている。個別に、応募に躊躇するメンバーの背中を押すという地道な作業も実施されている。

3-2　アイデア評価

　次のStep 2では、Step 1で集まったアイデアの評価を行う。企画開発部門と営業部門のメンバー2～3名で、アイデアの新規性やユーザー価値、戦略的重要性などの項目で採点を行い、10～20点程度に絞り込みを行う。その中から、通常の製品開発で開発される製品構成とのバランスを加味して共創プロジェクトで製品化する2、3点のアイテムを決定する。

3-3　チーム編成

　Step 3では、該当アイデアの発案者である店舗販売員と類似のアイデアを出した店舗販売員の3～4名と、企画開発部門3名との共創プロジェクトのチームを立ち上げる。類似のアイデアを出した店舗販売員の参画は、企画開発部門との人数比率を均等にすることで、店舗販売員が意見を出しやすいチーム編成にするためである。企画開発がスムーズに進めるために、企画開発部門は、マーチャンダイザー、デザイナー、生産担当者が参画する。

3-4　企画開発

　Step 4では、月に1回か2回程度の頻度で計3～4回程度のワークショップを重ね、素材決定、デザイン決定、仕様決定を行い製品化していく。ワークショップでは、製品開発部門のマーチャンダイザーがファシリテーションを行い、アイデアに対してデザイナーが素材や仕様などを提案し、アイデアの発案者である店舗販売員が決定権を持って進めている。最終的には、ワークショップで、最終サンプルの確認を行い、販売数量、販売価格と販売日を決定し、発売を決める。

こうしたワークショップを有効に機能させるために、以下の2つの工夫が行われている。

　第1に、アイデアを発案した店舗販売員の意見を最重要視し、企画開発部門はそのアイデアを具現化する黒子に徹していることである。店舗販売員は、顧客ニーズは認識していても、製品開発における専門知識は不十分であり、その専門知識は企画開発部門が支援する。しかし、企画開発部門の意見が強く出過ぎると、アイデアの特徴が削がれていくリスクが存在する。例えば、企画開発部門が店舗販売員のアイデアの実現性に疑問を呈することや、過去に失敗したアイデアと同一視することなど専門知識や経験が先進的なアイデアを否定する可能性がある。

　第2に、チームでの円滑なコミュニケーションの場と時間の確保である。店舗販売員が積極的に意見を言いやすい雰囲気をチームで作り上げ、相互で積極的なコミュニケーションを取る場と時間を設けている。通常業務で多忙な店舗販売員の時間を確保するために、ワークショップの回数と時間は絞り込んでいる。しかし、事前に次回のワークショップで検討する事項を共有することや、その検討内容を店舗販売員間で事前検討を実施することで時間を有効に活用している。

3-5　販　　促

　Step 5では、製品化される新製品の販売方法や店頭訴求方法、販促方法をプロジェクトチームと各専門部署を交えて議論する。プロジェクトに参加しているメンバーが主体となって、どのように新製品を訴求していくかのアイデアも出す。具体的には、該当製品とのスタイリング提案の立案や、店舗販売員が販売時に使用できるお勧めのポイントや製品説明の作成、自らがSNSを活用して訴求を行うなどがある。画像3-3は、共創プロジェクトの店舗販売員が、社内のメンバーの理解のために作成した製品の制作過程を説明している資料である。

3-6　販　　売

　最後のStep 6では、Step 5で立案した販促アイデアを実現し、販売していく。

画像3-2　Step4・ワークショップの様子

（ユナイテッドアローズより画像提供）

販売後も、週次での振り返りと改善策を話し合い、製品化した新製品に関して販売期間が終了するまで責任を持つ。

4．共創プロジェクトにより生まれた新製品

　共創プロジェクトからは、46点もの新製品が生まれている。以下では、代表的な新製品を3点紹介する。

　第1に、ベロア素材のTシャツ（**画像3-4左**）である。顧客の鮮度に関する潜在ニーズと、トレンド素材という店舗販売員自身のニーズをもとに、発案された製品である。一般的にアパレル小売業では、8～9月にかけて秋の新作を展開し始めるが、昨今の夏の長期化に伴い顧客のニーズとズレが生じる。一方では、夏の製品は5～6月から展開をしているために、8月になると夏の製品に対しての鮮度が失われていく。気温は夏であるが、鮮度の高い製品を求める顧客ニーズへの対応として、素材は秋冬に使用されることが多いベロア素材を用いたTシャツが生み出された。この製品は、2022年8月に発売され初年度か

画像3-3　Step5・社内製品説明資料

共創PJT START...

昨年から年明けにかけて皆さまにたくさんの募集をいただいた共創PJTが本格的にスタート致しました！
ワンピース2型、カットソー1型で進行しております。
ファーストサンプルが上がり、セカンドサンプルに向けて修正している様子を一足先にお見せいたします。
店頭入荷をぜひ楽しみにしていてください。

セットワンピース

2つのサンプルを着比べる双子みたいなGKW川崎さん、GTS山内さん。GYH川上さんもご一緒です！GSD伊藤さんはリモート参加！
地方店はオフィスになかなかお呼びできないですが、サンプルを送って確認してもらい、直接お会いできない中でも、一緒に商品づくりを行っております。

キャミワンピース

定番なキャミワンピースでも今までにないすっきりデザイン調整！
166cmのMDの野村さんも155cmのFMD大塚さんも着用できる着丈にし、フリーサイズでも幅広いお客様に着ていただけるようにしております。こちらにはGMD鈴木さん、GKS井上さん、GIB熊谷さん、GKG上村さんにご参加いただいております。

ベロアカットソー

ベーシックでパッと決まるTシャツを新しくベロア素材で制作！
こちらはチームGSBで鹿嶋さんと新田さんにご参加いただいております。
リモートでのやり取りですが、着丈、袖周り、襟ぐりなど1mm単位の細かい修正を一緒に行いました！
Tシャツを着て下さっているのはおなじみMD野村さんです★

また進捗はFMDペーパーや共創メンバーから直接お伝えできるようにしていきます！
引き続き入荷までお楽しみに！

（ユナイテッドアローズより画像提供）

ら販売実績が高く、2023年で売上数がさらに伸長したため、2024年も継続され定番的な製品ラインナップに組み込まれ展開されている。

　第2に、身体のラインを強調しすぎない女性らしいキャミソール型のワンピース（**画像3-4中**）である。キャミソール型のワンピースは、身体のラインを隠すのではなく程よいバランスで綺麗に見せたいという顧客の潜在ニーズと、店舗販売員自身が上質な素材を用いたキャミソール型のワンピースが欲しいという自身のニーズを組み合わせて発案されたものである。この製品も安定的な売上数を維持し、少しずつ形を変えながら、継続展開されている。

　第3に、ニットとのセットになったワンピース（**画像3-4右**）である。ニットとセットになったワンピースは、トレンドであるメッシュになったニットを顧客が取り入れやすいように、あらかじめワンピースと重ね着をする設定となっている。店舗販売員のトレンドのメッシュニットに対するニーズと、顧客の重ね着に対する潜在ニーズに対応した製品である。この製品は2022年の8月から販売され、9月までの2ヶ月間売れ筋の上位に入っていた。

画像3-4　共創プロジェクトにより生まれた新製品

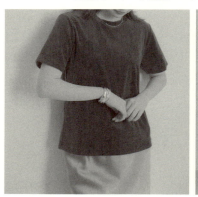

（ユナイテッドアローズより画像提供）

5．本章のまとめ

　本章では、UA社のGLRで行われている店舗販売員を活用した新製品開発を

概観し、その特徴や成果を整理した。学術的に、企業内に存在するリードユーザーの特徴を持った人材である企業内リードユーザーを活用し、イノベーションに繋がることが明らかになっている（Schweisfurth, 2017; 渡邉, 2022a, 2023）。リードユーザーとは、先進性と高便益期待という２つの特徴を持ちわせ、新製品開発などでイノベーションを起こす人である（von Hippel, 1986）。UA社のGLRで行われている共創プロジェクトは、企業内に存在するリードユーザーの資質を持った店舗販売員である「小売店舗販売員リードユーザー」（図表３−２）を活用した新製品開発として捉えることができる（渡邉, 2023）。店舗メンバーが、顧客接点を通じて認識している顧客ニーズと、自身がファッション領域における先進性を持ち合わせたリードユーザーとしてのニーズを掛け合わせてソリューションを提案することで、製品成果に繋がっている。GLRの共創プロジェクトで成果が出ている要因を考察する。

　まず、アイデア応募の量を確保するための工夫をしている点である。社内でのアイデアコンテストにおいて、募集に対して応募数が期待値に届かないケースもある。その要因として、従業員が応募する動機と時間がないこと、専門知識の不足などの理由で応募に対して躊躇してしまうことが挙げられる。共創プロジェクトでは、インセンティブなどの外発的なものではなく、前述の通り店舗メンバーは自身のニーズと顧客ニーズを解決するという内発的動機付けがなされている。その内発的動機付けにより、一定数の店舗メンバーが応募をする仕組みとなっている。さらに、アイデア応募の量を確保するために、可能な限

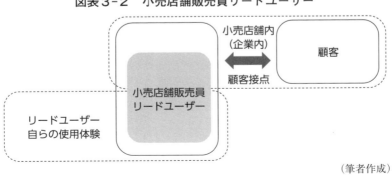

図表３−２　小売店舗販売員リードユーザー

（筆者作成）

り応募条件の制約を減らし、フォーマットを簡素化するなど簡単に応募ができる枠組みとなっている。そして、製品開発部門と販売部門のマネージャーが積極的に関与することでブランド全体の取り組みとし、積極的な応募を促すことでアイデアの量を確保している。

　次に、共創プロジェクトの開発プロセスを通じてファシリテーターが支援型のマネジメントを行っていることや技術的専門知識のサポートを企画開発部門が行うが最終決定権は店舗メンバーが持つことによってアイデアを具現化した際の質を確保している点である。ワークショップのファシリテーターが中心となって、企画開発職や本部のメンバー全員が店舗メンバーの意見を最大限尊重し、支援する形で、製品化を行っている。この支援型のマネジメントと最終決定権をアイデア発案者である店舗メンバーが持つことによって、店舗メンバーの新規性の高いアイデアが損なわれることなく、製品化することが可能となっていると考えられる。

　本ケースではGLRの事例を取り扱ったが、UA社では店舗販売員をブランドのディレクターに据えて新ブランド「アティセッション（ATTISESSION）」の展開を始めた（United Arrows, 2024c）。まさに、小売店舗販売員によるイノベーションが期待されているという証拠である。店舗展開を行う小売業では、顧客接点の場としての店舗が存在する。この店舗で働く販売員は、販売業務だけでなく、自社ECやSNS上での情報発信による販促活動、顧客ニーズを認識していることによる品揃えや自社製品開発への関与など、多様な形で所属する企業の業績に貢献することが可能である。小売業の人手不足が続く中で、小売業にとって店舗販売員は企業のイノベーションに貢献する貴重な経営資源として認識する必要がある。

第3章　小売店舗販売員によるイノベーション　79

6．資　　料

・社内で製品説明用に使用された資料（2023年春夏展開商品）

Background（簡単な発案経緯）

★一年中着回せる、シルエットがキレイなニットベストOPが欲しい！（上質素材＆モダンデザイン）

★お客様のワードロープに＋1するだけで着こなしがフレッシュアップするジレやベストがここ数年人気な為、OPなら更に鮮度もあり、お客様の心を掴めそう！と感じました♪

Target

（どういうお客様に向けて）
★20代後半〜30代後半
★FC層中心（〜SC層）
★ 洋服だけでなくメイクやインテリアなどライフスタイル全般をお洒落に楽しんでいるオトナの女性。
★雑誌イメージは"otona MUSE"、"GISELe"

Vision

（どういう商品にしていきたいか）
【お客様にとって】
★お手持ちのお洋服に＋1するだけでお洒落な気こなしを楽しめるOP
★ シンプルでモダンな印象なので着るだけでお洒落＆洗練度アップ
★お客様のクローゼットのスタメン入りして欲しい！
【メンバーにとって】
★着回し遊びで、お洒落を楽しみながら、楽しく働ける服！
※自分達がファッションを楽しんで、その感動をお客様に伝えたい！

CO
Project
OP team

FM COPJT 2WAY
GLOW OP

（ユナイテッドアローズより画像提供）

80

・社内で製品説明用に使用された資料（2023年春夏展開商品）

CO Project KNIT team

Background
(簡単な発案経緯)

デザインに関して

・このニットを着ていたら、かわいい！とつい思ってしまうアイテム

・1枚でもレイヤードでも使えて、女性らしい首元とボリューム感のあるアイテム

・比較的お客様に反応が良い、腰回りの隠れる丈感

素材に関して

・お客様からのご意見の中に多い、洗えて毛玉になりにくい

・春に向けてのアイテムなので、厚すぎないけど首元の立体感が出る

Target
(どういうお客様に向けて)

・トレンド志向の方

・20代後半〜40代くらい

・モードな服が好みで、雑誌ジゼルを読んでいそうな方

・イエベの方でもブルベの方でも選べるベーシックカラー

Vision
(どういう商品にしていきたいか)

・グリーンレーベルのオリジナルの中で新しさを出していきたい

・1枚で着映えするアイテムにしたい

・あの商品もう無くなっちゃったんだ〜と言われるようなアイテムにしたい

FFC CO PJT design neck knit

（ユナイテッドアローズより画像提供）

第 3 章　小売店舗販売員によるイノベーション　　81

・社内で製品説明用に使用された資料（2023年春夏展開商品）

（ユナイテッドアローズより画像提供）

[注]

1 本章の内容は以下の論文を修正したものである。
Watanabe., Y, & Nishikawa, H. (2024).「Innovation by Retail Store Salespersons: Co-Creation Project. in United Arrows」*Quarterly Journal of Marketing,* 44(2), 182-189.
2 スタイリング提案とは、洋服や小物の組み合わせ方を提案することである。
3 セレクトショップは、コンセプトに沿った商品を複数のメーカーから買い付けて、スタイリング提案など編集を行って販売する店舗である。
4 プライベートブランドは、小売業が独自に開発する自社ブランドである。

第4章

小売店舗販売員リードユーザーによる新製品開発への貢献[1]

1．本章の概要

　本章は、小売店舗販売員リードユーザーは実際の企業でどのように新製品開発に貢献しているのであろうか？　に答えることが目的である。

　第2章の先行研究レビューで述べたように企業内リードユーザーに関する研究は、人に着目した企業内リードユーザーの特徴に関する研究、成果に着目した企業内リードユーザーのイノベーションに関する研究の2軸に整理することができる（渡邉, 2022a）。その企業内リードユーザー研究において、リードユーザーの特徴である先進性と高便益期待からなるリードユーザーネスの高さ（Franke et al., 2006）が、企業内リードユーザー発案製品のアイデア評価に正の影響を与えることが明らかになっているが（Schweisfurth, 2017）、企業内リードユーザーのもう1つの特徴である従業員であることが、新製品のアイデアや製品パフォーマンスに具体的にどのような影響を及ぼしているかが明示されていない。さらに、企業内リードユーザーは職種を問わず企業内に存在するが、企画開発職ではない企業内リードユーザーがどのように新製品開発に貢献しているかも明らかになっていない。特に、日々の業務において顧客接点から様々な暗黙知を所持する小売店舗販売員を活用し、イノベーションを起こすことは小売企業にとって重要なことである。

　そこで本章では、実際の企業で行われている企業内リードユーザーを活用した新製品開発プロセスを通して、企業内リードユーザーの資質を持った小売店舗販売員が、新製品開発において、どのようにイノベーションに貢献しているかに関して探索的に研究を行う。

2．先行研究のレビュー

　本節では、企業内リードユーザーの特徴である従業員であること、特に小売店舗販売員として製品成果に影響を及ぼす要因を明らかにするために、改めて小売店舗販売員リードユーザーの創造性とイノベーションに影響を及ぼす要因に関する先行研究を整理する。

従業員の創造性とイノベーションに関する先行研究において、まず従業員の創造性とイノベーションの定義を再度確認する。創造性は、新規性があり組織にとって潜在的に有用なアイデアの創出であると定義され、イノベーションは、創造的なアイデアの創出とそれを実行することであるとされる（Amabile, 1996; Oldham & Cummings, 1996）。すなわち、従業員個人やチーム、ユニットとして創出されるアイデアを、企業が実行することによってイノベーションになるということであり、創造性はイノベーションの最初のステップと捉えることが可能である（Anderson et al., 2014）。本書においても、従業員の創造性は、従業員個人やチームによって新規性や有用性の高いアイデアを発案、創出することであり、イノベーションはそのアイデアを実行することと位置付ける。

　従業員の創造性を促進、または阻害する要因に関して、多数の研究が展開されており（Oldham & Cummings, 1996）、個人の性格や職務を通じて有する専門知識など個人要因によるものと、上司との関係や周辺環境など文脈的要因によるものに分類される（Shalley et al., 2004）。さらに、小売店舗販売員の創造性に影響を及ぼす要因として顧客要因がある（Bowen, 2016）。

　本書では、小売店舗販売員リードユーザーを研究対象とすることから、従業員の創造性を促進する個人要因としてリードユーザーであること、小売店舗販売員であることの2点に焦点を当てる。まず、リードユーザーは先進性と高便益期待の2つの特徴を持つ（von Hippel, 1986）。先進性は、特定の領域において先端に位置し、一般的なユーザーが経験するニーズをいち早く経験していることであり、高便益期待は、先端のユーザーである自身のニーズを自ら解決することで便益を得られることを期待していることである（von Hippel, 1986）。つまり、企業の見地ではリードユーザーは、大多数の顧客ニーズを事前に経験して認識し、自らそのソリューションを自発的に解決したいと考えている人材として捉えることが可能である。リードユーザーは、魅力的なイノベーションを起こすことから、先進性と高便益期待は創造性を促進する個人要因として位置付けられる。

　小売店舗販売員としての個人要因に関しては、扱う製品領域における専門知識が挙げられる。小売店舗販売員は、店舗におけるサービス・エンカウンターにおいて、顧客に商品情報を伝達する役割を担っており、自社で扱う製品領域

における専門知識を保持している。さらに、専門知識は店舗販売員として業務で身につけるものと、自身がリードユーザーとして所持しているものの両方を活用することが可能であると考えられる。その専門知識は、創造的なアイデアを生み出すとされており（Amabile, 1988, 1996）、小売店舗販売員リードユーザーの創造性に影響を与える要素であると考えられる。

　文脈的要因は、周囲との関係性や働く環境であり、従業員の内発的動機付けを介して創造性に影響を及ぼすものである（Shalley et al., 2004）。新製品開発における小売店舗販売員リードユーザーの創造性に影響を及ぼす文脈的要因として、企業が提供するリソース（Shalley & Gilson, 2004）、メンバーとの関係性（Amabile et al, 1996）が挙げられる。企業が提供するリソースとして、通常の業務以外で創造的なアイデアを考える時間の提供が必要である（Amabile & Gryskiewicz, 1987）。3Mにおける15％ルールが有名であるが、従業員の創造的な業務を求めるには、時間的な制約を取り除き、自由度を高めることが必要である（Shalley & Gilson, 2004）。そして、創造的なアイデアの開発と実行には、個人やグループからのサポートも必要である（Mumford et al., 2002）。他者の多様な知見を活用することで、創造的なアイデアの幅が広がり、開発過程においてもサポートを受けることで自身に不足している知識を補うことが可能であると考えられる。

　最後に、店舗販売員の創造性に影響を及ぼす顧客要因を確認する。顧客要因が創造性に影響を及ぼすものとして、大きくは2つに分類できる。第1に、フロントライン従業員の顧客に対する行動に起因するものである。顧客志向（Sousa & Coelho, 2011）、顧客ニーズの読み取り（Lages & Piercy, 2012）、顧客からのインプット（Madjar & Ortiz-Walters, 2008）が提示されている。第2に、店舗販売員の意識や顧客との心理的な関係性に起因するものである。顧客からの信頼（Madjar & Ortiz-Walters, 2008）、顧客との関係性（Coelho et al., 2011）などが提示されている。

　特に小売業の店舗販売員やサービス業のフロントライン従業員は、企業と顧客をつなぐ接点であり、顧客から情報を直接収集することができ、企業内において顧客ニーズを最も把握している（Lages & Piercy, 2012）。その顧客ニーズを中長期的に解決し、顧客満足に対して注力することで創造性にプラスの影響

を与える（Sousa & Coelho, 2011）。これらの顧客要因は創造性の研究において、多様な顧客の情報や客観的な外部の視点が入ることにより、創造的なアイデアが増加することから（Coelho et al., 2011）、組織の外部に存在する顧客との接触が多く、顧客から情報を吸収するフロントライン従業員の創造性に影響を及ぼすということであり（Madjar & Ortiz-Walters, 2008）、小売業の店舗販売員やサービス業のフロントライン従業員特有の要因として認識することができる。

　本章では、企業内リードユーザーのアイデアに影響を及ぼす要因について、実際の新製品開発の事例を通して、小売企業の企画開発職ではない店舗販売員に焦点を当て、既存研究で提示されている個人要因、文脈的要因、顧客要因という枠組みを用いて、イノベーションに影響を及ぼす要因に関して探索的に分析を行う。

3．研究方法

　本節では、企業内において実際に企業内リードユーザーが発案したアイデアを具現化していく新製品開発プロセスを通して、新製品の製品成果に影響を与える要因を考察する。本研究の研究課題を解決するために、ケーススタディを行う。ケーススタディは、小売店舗販売員リードユーザーによる新製品開発のような新しく、未解明な部分の多い現象に適し（Miles & Huberman, 1994）、理論の検証ではなく理論の構築が目的となる（Eisenhardt & Graebner, 2007）ため、本研究の目的とも合致する。

3-1　サンプルとデータ収集

　調査対象は、株式会社ユナイテッドアローズのグリーンレーベルリラクシングを調査対象とした。データ収集は2021年12月から2022年6月にかけて行った。様々なデータソースから質的なデータを収集した。複数のデータソースを使用することは、分析において多様な視点を担保するための基本的な側面である。データの内容は、インタビューやワークショップへの参加を通じて収集した一次データと社内資料などの二次データである。

　その中でも分析において重要な役割を果たした半構造化インタビューの詳細

は以下の通りである。個人の視点とプロセス全体を捉えるために2019年、2021年、2022年の計3回の共創の取り組みに参加した店舗販売員合計16名（男性3名、女性13名、男女ともにアイデア発案者の販売員とプロジェクトリーダーが選抜した販売員を含む、**図表4-1**）に対して、半構造化されたインタビューを最短15分、最長45分（平均22分）、対面[2]にて実施した。インタビューイーの人数とインタビュー時間は、カテゴリーと関連性が収束し、理論的飽和（Strauss & Corbin, 1990）に至るのに十分なものであった。

　質問項目[3]に関しては、最初に企業への在籍期間、在籍店舗での役割、小売店舗販売員になった背景などを確認し、その後に大きくは3つのパートに分けられる質問を行った。まず、個人要因として個人のファッションに対する関与度や考え方である。次に、文脈的要因としての、共創プロジェクトによる新製品開発に関するものである。最後に、顧客要因としてアイデア発案と製品化段階を中心に顧客接点に関する質問を行った。リサーチクエスチョンに対して関連性の高い内容で質問を設計したが、インタビュワーとインタビューイーの双方において議論の幅を広げる余地を残した。また、インタビューは半構造化であり、インタビュー時での状況に応じて質問の順序は入れ替えを行い、質問の文言はインタビューの過程で少しずつ変化し、途中から追加した質問もいくつかあった。さらに、2022年に行われた共創プロジェクトにおいて実際に行われた6回（平均3.7時間）のワークショップに同席し、観察を行ったものを記録にとり、データ分析中に使用した。

3-2　分析方法

　データ分析は、インタビューしたデータをもとにグラウンデッド・セオリー・アプローチ（Grounded Theory Approach：以下「GTA」と記す）を用いた。GTAで扱うのに適した研究課題が新しい領域の探索、理解不十分な現象の理解、構造化されていない関連性の理解を試みるものであり（Shah & Corley, 2006; Strauss & Corbin, 1990）、本研究が小売店舗販売員リードユーザーという新しい研究領域を扱うものであることから、本研究の研究課題とも合致することがGTAを採用した理由である。

　GTAの手順は、インタビュー時に録音したデータをインタビュー終了後、

可能な限り早くテキスト化[4]し、先行研究から設定した個人要因、文脈的要因、顧客要因をベースとして、以下に記した3段階のコーディング（Gioia, Corley, & Hamilton, 2013; Strauss & Corbin, 1990; 戈木, 2016）を行った。

① オープン・コーディング：テキスト化したインタビューデータを切片化し、プロパティとディメンジョンをもとに、ラベル名をつける。その類似ラベルをまとめてカテゴリーを作成し、カテゴリーに名前をつける。カテゴリー名が元のデータ、プロパティとディメンジョン、ラベル名と照らし合わせて、適切かどうかを検討する。

② アクシャル（軸足）・コーディング：オープン・コーディングで策定したカテゴリーの関連性の高いものをまとめて、構造化し、整理する。

③ セレクティブ（選択的）・コーディング：アクシャル（軸足）・コーディングで作成したカテゴリー同士間の関連性を確認し、カテゴリーをまとめ

図表4-1　インタビュイーの特徴

ID	役割	年齢	在籍年数	リードユーザーネス[5] 先進性	高便益期待
No.1	アイデア発案者	36	13	5.00	4.67
No.2	アイデア発案者	32	10	5.50	4.17
No.3	選抜メンバー	34	14	5.50	4.67
No.4	アイデア発案者	33	4	4.75	6.83
No.5	選抜メンバー	32	9	6.75	4.17
No.6	アイデア発案者	33	11	5.00	4.00
No.7	選抜メンバー	29	7	4.50	4.17
No.8	アイデア発案者	27	5	4.75	4.50
No.9	アイデア発案者	28	7	5.00	4.67
No.10	アイデア発案者	24	4	4.75	5.17
No.11	アイデア発案者	27	5	5.50	3.33
No.12	アイデア発案者	35	13	5.50	4.83
No.13	アイデア発案者	23	1	4.25	4.17
No.14	選抜メンバー	30	10	4.25	4.67
No.15	選抜メンバー	32	11	4.75	5.17
No.16	選抜メンバー	36	15	5.25	4.67

（筆者作成）

て抽象化した概念を作成する。

データ分析には、質的データ分析ソフトウェアのNvivoを使用した。なお、研究の信頼性を確保するために、インタビュイーにインタビューの冒頭に内容の機密性を保証することを説明した。またデータ収集は、理論的な枠組みを行うために、カテゴリーのプロパティとディメンションを増やすという観点で、データ収集の対象や収集内容を決める「理論的サンプリング」を行った（Shah & Corley, 2006）。さらに、解釈の妥当性を確保するために、インタビュイーである店舗販売員16名、ファッションの専門家として企画開発部門のマネージャー2名とプロジェクトリーダー2名にコーディングした内容と分析結果を共有し、懸念点や異論がないことを確認した（Shah & Corley, 2006）。

4．研究結果

分析方法で記した手順でコーディングを行い、関連性の高いものをまとめて概念を構造化した（図表4-2）。小売店舗販売員リードユーザー発案製品に影響を与える要因として、個人要因のリードユーザー特性（先進性、高便益期待）、文脈的要因として共創プロセス（企画開発部門との共創、共創PJT参加によるモチベーション向上）、顧客要因として自身のニーズと顧客ニーズの融合（顧客接点からの情報収集、自身と顧客のニーズの差異認識）が影響を与えていることが分かった。特に、小売店舗販売員として顧客要因に関する言及が多く、影響が大きいと考えられる。以下、確認された要因を順番に見ていく[6]。

4-1　リードユーザー特性（個人要因）

今回の事例では、個人要因であるリードユーザー特性として、ファッションに対する高い関与度やトレンド情報の能動的な取り込みなどの先進性につながる側面と、自身の既存製品に対する不満を解決したいという意識や、企画開発への興味・関心などを満たすことで自身にプラスになるという高便益期待の側面が確認された。

図表4-2　コーディング結果

ファイル	レファレンス	カテゴリー1 (オープンコーディング)	カテゴリー2 (アクシャルコーディング)	カテゴリー3 (セレクティブコーディング)
11	23	トレンド情報の収集	先進性	リードユーザー特性（個人要因）
11	34	高いファッション関与度		
7	9	既存製品への不満	高便益期待 (内発的動機付け)	
2	2	企画開発プロセスへの興味・関心		
8	9	専門知識のサポート	企画開発部門との共創	共創プロセス（文脈的要因）
12	15	企画開発部門とのコミュニケーション		
3	3	共創PJTからの学習	共創PJT参加によるモチベーション向上	
2	3	共創PJTチーム連携		
13	26	接客から得られる情報	顧客接点からの情報収集	自身と顧客のニーズの融合（顧客要因）
7	10	接客に対する意識		
11	24	ターゲットとする顧客ニーズの認識	自身と顧客のニーズの差異認識	
11	18	自身と顧客ニーズのバランス		

ファイル：該当するコードを言及した人数
レファレンス：該当するコードのデータ数

(筆者作成)

4-1-1　先進性

　小売店舗販売員リードユーザーは、自身の所属する企業の扱う製品領域、本研究ではファッション領域に関して最新のトレンド情報を収集し、それらのトレンドを自身のファッションに取り入れ、一般的なユーザーよりもファッションに関する金銭的な投資も行っている。また、自身の所属する企業の製品だけでなく、他社製品も積極的に購入をするなどファッションに対する関与度が高く、リードユーザーの特性の1つである先進性を店舗販売員として有していると考えられる。これらのファッションに対する意識は仕事や業務という側面よりも、趣味やプライベートという認識が強い。

「コンスタントに新しいものを取り入れたいと思います。ほぼ毎月、自分のブランド（自身が働くブランド）の洋服も購入するが、他のブランドも購入して組み合わせて着用している。」(No.4)

　「（他人が聞くと）おかしいと言われるくらい（ファッションに）お金をかけています。異常なくらい洋服にお金を使っています。（購入する）金額は言えませんが、新しいものとかに、興味があります。」(No.5)

　「流行りの商品は好きです。結構、買います。」(No.6)

　「ファッションが好きでインスタグラムやファッション雑誌はチエックしていて、毎週１日はファッションショップを見に行くことはしている。」(No.15)

　「（トレンドを取り入れることは）一般的な人よりは早いと思います。」(No.15)

　「休みの日にリサーチ（市場調査）をしようとは思わないのですが、自然とファッションショップや洋服に目がいく感じがあります。」(No.16)

4-1-2　高便益期待

　リードユーザーの特性である高便益期待は、自身のニーズに対して、それらを解決することで高い便益を期待していることである（von Hippel, 1986）。一方では、小売店舗販売員リードユーザーの高便益期待は、製品成果への期待と自己成長への期待の２種類存在する。１つめは、製品成果への期待として、リードユーザーとしてファッションに関して先進性を持った自身のニーズを充足することに対する期待と、従業員として顧客ニーズを充足することに対する期待である。

　「（自社製品は、お客様に対して）半歩先でももっと提案した方がいいと思います。ここで（新しい部分を）伸ばさないと安心したものしかなくなると思います。」(No.2)

　「（自社製品を）OFFの日は着ないです。自身の求めているファッションとは異なります。自分が着たいという（先端の）商品がもっとあればいいなと思います。」(No.8)

　「（自社製品は自身においても、お客様にとっても）全体の２、３割は新しい提案が必要だと思います。」(No.15)

さらに2つめの企業外のリードユーザーには存在しない側面として、新製品開発に関与することにより、通常の販売業務だけではない形で顧客ニーズに応えるという従業員としての自己成長への期待である。

> 「商品開発に携わりたいという目標があって、商品が開発される過程をまず一緒に知ることができたことは大きかったです。服を一着作るにも素材、色、仕様とか色々あって、難しいなと思ったけど、自分にとって大きなきっかけになりました。」(No.11)
>
> 「企画に携われることで、(企画開発は) 興味のあった部分だったので良かったです。色々と選べる立場にいて、素材を選んだり、他の店舗の方と関われたことは良かったと思います。」(No.12)
>
> 「(企画開発に関して) 知らないことが多かったので、デザイナーのデザインや素材などの知識やコストを掛ければいろいろできるなど、勉強になりました。」(No.12)

4-2　共創プロセス（文脈的要因）

次に、共創プロセスは2つの側面が存在する。まず、企画開発部門から専門知識や技術的な部分のサポートを受けるなど、小売店舗販売員リードユーザーと企画開発部門との共創である。次に、その共創プロセスにより小売店舗販売員リードユーザーの通常の販売業務へのモチベーションにプラスの影響となることである。

4-2-1　企画開発部門との共創

アイデアを新製品に変換することは問題解決のプロセスであり、専門知識が新製品開発の成功の要素となる（Zhu, Li, & Andrews, 2017）。企画開発職ではない小売店舗販売員リードユーザーはデザイン、素材、仕様面などの専門知識に対する知見が少なく、発案したアイデアを製品として具現化していくためには、デザイナーなどの企画開発職のサポートが必須である。サポートする企画開発職は、小売店舗販売員リードユーザーの選択の自由度を高めながら先進性の高いアイデアを優先することで、モチベーションを維持しながら共創を効果

的に進めている。

　「(共創において、プロジェクトメンバー) みんなの意見を聞いてもらい、商品部の人と少人数で進められたのは良かった。デザイナーの方がすごく話を聞いていただき、自分も (企画開発に関して) そんなに詳しいわけではないので、そこにアドバイスをしていただき、自分達がイメージしやすいようにしていただけた。」(No.5)

　「例えば (ニット製品の) 糸を減らしたらどうなるのか？とか専門的なことはわからないので、商品部の方とかデザイナーさんとかはすごいなと思いました。自分だけでこういうものが作りたいと進めると、多分全然違うものができてしまい、自分が想像しているものが、作れていないだろうなと思いました。」(No.8)

　「商品のイメージしかお伝えできない部分を専門的な提案があって、その都度質問もさせてもらって、こちらの知識が足りない部分は商品部に補ってもらえました。」(No.10)

　「(共創において自分達の意見を) 優先していただいてありがたかった。意見をすごく反映させてもらえて良かった。(打ち合わせが) オンラインだったのでやりとりが難しいとは思いましたが、サポートしてもらって助かりました。」(No.11)

4-2-2　共創プロジェクト参加によるモチベーション向上

　共創プロジェクトを通して、製品開発プロセスを経験し学習することや共創プロジェクトのチームで連携をすることで、小売店舗販売員リードユーザーの通常の販売業務へのモチベーションを高める効果も確認された。この販売業務へのモチベーションが高まることで、顧客ニーズ情報の収集への動機付けとなり、さらにそのニーズ情報が新製品開発への成果につながるという正のスパイラルとなると考えられる。

　「商品を作るっていうことに関わったことがなかったので、参加できたのが貴重な経験だった。今回は、企画をして一緒に作るっていうことでしたが、アイデアを最大限聞いてくださって、チームで作っている感覚があった。」(No.6)

「商品部や他店（の販売員）と関われることができて刺激を受けたことと、日々お客様のお声を収集していることの重要さを再認識することができた。」(No.10)

「自分達が良いと思うものを作るのにこれくらい原価がかかるなど知れたことで、今回の商品だけでなく店頭に並んでいる商品に対する考え方も変わりました。」(No.12)

4-3　自身のニーズと顧客ニーズの融合（顧客要因）

　企業内リードユーザーによるアイデアを実際の製品にしていく過程において、顧客ニーズを踏まえて、それらを先進性の高い自身のニーズと融合していく必要がある。その顧客ニーズは、実際の顧客接点を持つ小売店舗販売員が認識している（Coelho et al., 2011）。小売店舗販売員は、通常業務である接客により取得した顧客ニーズを製品開発に活かしている。

4-3-1　顧客接点からの情報収集

　小売店舗販売員リードユーザーは、企業内において最も多くの顧客接点を持っている（Sharma et al., 2000）。その顧客接点から、定量的にデータに現れない定性的な顧客ニーズを把握し、それらをアイデア発案や企画開発プロセスの中で製品開発に反映させている。顧客接点から得られる情報はデザインや素材などの外観上のものではなく、顧客が製品を使用するシーンや用途、購入に至らなかった要因などであり、これらは小売業においても店舗販売員が最も認識していると考えられ、新製品開発への活用も可能である。

「お客様にどういうものを買っていただいて、どういうテンション（＝気持ち）で買っていただいているかは現場でないと、（売上データなどの）数字ではわからない。」(No.1)

「お客様から具体的にこれが欲しいということもあるので、お店（自店舗）の品揃えで対応できないものとかが店頭で分かる。着ていただいて、作り手が想定していない用途で着用される。例えば、カーディガンとかでカジュアル向けに作っているものをビジネスで着るとかは接客でないと分からない。メンズだと女

性が代理購入されるので、女性視点での色やデザインの商品は接客していると（必要性を）感じる。多分、EC（Electronic Commerce）販売だと分からない情報である。」（No.3）

「接客していてお客様が着ていただいて良いことはすぐにわかるけど、ご購入されなかった際の懸念されているポイントが（製品開発に）活かせる。お客様が試着されて戻される際に、『どこが気になりましたか？今後に役立てたいので』と聞くようにしている。売れているものは分かるが、売れていないものはお客様目線で情報を持っていた方が良い。周りのスタッフやお客様から聞くようにしている。」（No.5）

「服に関する感想ではなく、どこに着ていくか？とか何に合わせるか？というのはお客様とお話ししてみないと分からない。お客様がどういう洋服をお持ちかなどは接客から得られていた。」（No.10）

「接客というよりか、会話という気持ちでいる。お客様からスタイリングに関して学ぶことがある。」（No.13）

4-3-2　自身のニーズと顧客ニーズの差異認識

　小売店舗販売員リードユーザーは、リードユーザーとしての先進性のある自身のニーズと一般的なユーザーのニーズとの乖離を認識している。小売店舗販売員リードユーザーとしての先進性という特徴から、一般的なユーザーよりも早くニーズに直面するという時間軸の差と、ターゲットとする客層が求めるデザイン性との差の2つの差が存在する。その差異を共創による企画開発プロセスを通して埋めていく。

「グリーンレーベルの（お客様の）場合は、（自分と比較して）どちらかと言うとファッションの積極性とか関与とかが異なり、さらに年齢とか家族構成とかが異なる。」（No.1）

「感度と言うか、どちらかと言うと、私たちが着たいなと思う商品はちょっと一歩先というものが多いと思います。」（No.7）

「（共創プロジェクトにおいて）イメージ的には自分達が着たいというのがあって、そこからお客様へ販売していくために（デザインなどを）変えていった。ちょうど中間くらいのバランスになった。自分達だけが着るものであれば、もう

少し攻めたデザインでも良かったけど、今の（完成した）商品の方が安心して販売していける。」(No.10)
「顧客ニーズと自身のニーズでは差があるが、お客様のファッション感度も上がっている。」(No.14)

先進性の高いアイデアは時間軸の差異と、デザイン性の部分の差異の両軸が存在していて、それらの差異を共創による企画開発プロセスを通して埋めていく意識を持っている。それは接客から得られる顧客ニーズの意識が強く働いている。

「（共創プロジェクトで開発した製品は）自分も着たいし、お客様にもお勧めしたいと思った。みんなが考えて作っていて、一人一人が色々な要望があったと思うが、よりお客様に販売することを考えた時に、自分達が提案したものと、お客様が着ていただいてオシャレだと感じるところのすり合わせができた。」(No.9)

5．本章のまとめ

本節では、これまでの調査の考察を行う。そして、本研究の理論的貢献と実務的貢献を述べ、最後に本研究の課題を述べる。

5-1　考　察

実際の企業において社内に存在するリードユーザーの特性を持った従業員を活用する事例が報告されている（山井, 2021）。また既存研究においても、企業外に存在するリードユーザーではなく、企業内にもリードユーザーが存在し、魅力的なイノベーションを起こしていることが明らかになっている（Schweisfurth, 2017）。一方では、実際の企業で企業内リードユーザーがどのようにイノベーションに貢献しているかが明らかになっていない。さらに、様々な職種で存在する企業内リードユーザーにおいて、顧客接点を持ち、顧客ニーズを認識している小売店舗販売員リードユーザーがどのように新製品開発に貢献しているかが学術的に明示されていない。そこで、本研究では第2章で提示

した小売店舗販売員リードユーザーは実際の企業でどのように新製品開発に貢献しているのであろうか？　という研究課題に答えるために、実際の企業で行われている小売店舗販売員リードユーザーを活用した新製品開発プロジェクトを対象として、探索的に調査を行った。

調査を通して、企業内リードユーザーの資質を持った小売店舗販売員が発案した製品において、どのような要因が新製品のアイデア評価に影響を及ぼしているかと、どのように製品化段階でイノベーションに貢献しているかが浮かび上がった（図表4-3）。

図表4-3　小売店舗販売員リードユーザーとの共創

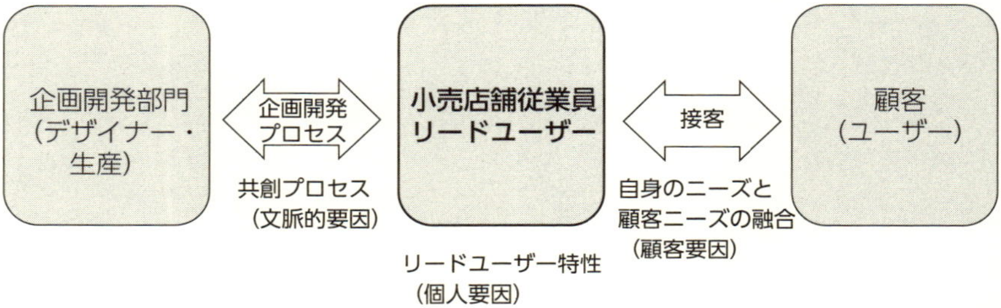

```
┌──────────┐              ┌──────────┐              ┌──────────┐
│企画開発部門│  ⇔企画開発  │小売店舗従業員│  ⇔接客   │  顧客    │
│(デザイナー・│   プロセス   │リードユーザー│          │(ユーザー)│
│  生産)   │              │          │          │          │
└──────────┘              └──────────┘              └──────────┘
          共創プロセス              自身のニーズと
          (文脈的要因)              顧客ニーズの融合
                                  (顧客要因)
                      リードユーザー特性
                        (個人要因)
```

（筆者作成）

■アイデア発案段階

まず、新製品開発のアイデア発案段階では、個人要因のリードユーザー特性と顧客要因の自身のニーズと顧客ニーズの融合が影響を及ぼしていると考えられる。小売店舗販売員リードユーザーはファッション領域において、トレンド情報の収集を積極的に行い、先端のファッション製品や他社製品も積極的に取り入れるなどの先進性を持ち合わせている。自身の先進性の高いニーズを、企業に所属し商業的に価値の高い製品に変換可能なアイデアにすることを実際の顧客接点からのニーズ取得を通して行い、そのニーズに対するソリューションを顧客ベースで考案している。自分が着たいという製品はあくまでファッションへの関与度の高い人のニーズと認識しながら、自身が所属するブランドのターゲット客層の顧客ニーズに合わせてチューニングを行っていることを示唆している。

また、アイデア発案段階においては、自身が着用したい製品がないなどの自身のニーズを満たしたいという欲求と顧客のニーズに応えたいという欲求がある。その2つの欲求を満たすことが小売店舗販売員リードユーザーのアイデア発案の動機になっていることも示されている。

■製品化段階

次に、発案したアイデアを製品化していく過程においては、文脈的要因としての共創プロセスが影響を与えていると考えられる。企画開発職ではない企業内リードユーザーは、企画開発職から技術的専門知識などのサポートを受けながら製品化へ向けてアイデアを精査していく。つまり、企画開発職であるデザイナーとアイデア発案におけるリソースが異なるが、実際の製品開発においては自身に不足するリソースを企画開発職から補っているということである。また、製品化していく過程においても、自身のニーズと顧客ニーズにおける時間軸の差異とデザイン性の差異を調整している。企業外のリードユーザーによるイノベーションはあくまで自身のニーズに対するソリューションの提案である。ゆえに、企業がそのアイデアを商業化する上で、リードユーザーのアイデアが企業のターゲットとする市場の規模に適合しないなど様々な課題が存在する（Shah & Tripsas, 2007; von Hippel et al., 2009）。一方では、小売店舗販売員リードユーザーは先進性の高い自身のニーズを、販売業務を通じて認識している顧

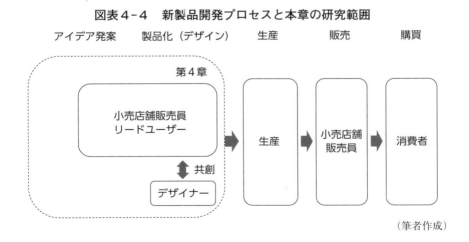

図表4-4　新製品開発プロセスと本章の研究範囲

（筆者作成）

客ニーズと融合することで、企業に所属しているがゆえに企業の求める市場規模を認識し、商業的に価値の高いものへ変換を行っている。

さらに、小売店舗販売員リードユーザーは、新製品開発に参加することでリードユーザーとしての自身のニーズを満たしたいという欲求だけでなく、小売店舗販売員として通常の販売業務で行っている顧客ニーズ収集を新製品開発へ活かすことで、通常業務へも内発的に動機付けられるという副次的な効果があることが分かった。

5-2　理論的貢献

本研究の理論的貢献として、以下の2点が挙げられる。第一に、企業内リードユーザー研究の中でも、小売店舗販売員リードユーザーが実際の企業の新製品開発においてイノベーションにどのように貢献しているかを解明することによって、企業内リードユーザー研究を拡張したことである。企業内リードユーザーに関する研究は、比較的新しい研究領域であるために実際の企業の事例をもとに考察を行ったものが少ない。また、具体的に企業を研究対象として実態を解明したものは既存研究を渉猟した限り存在しない。本研究において、小売店舗販売員リードユーザーを活用した新製品開発の事例をもとに、新製品開発への貢献の要因を明らかにしたことは、企業内リードユーザー研究において意義のあることである。具体的には、リードユーザーであること、企業に所属する従業員であること、小売店舗販売員であることという小売店舗販売員リードユーザーとしての3つの特徴が、アイデア発案から製品開発段階まで影響を与えていることを提示し、既存研究に新たな視点を付与した点が、本研究の理論的意義である。

第二に、既存の企業内リードユーザー研究と、小売業やサービス業の小売店舗販売員の創造性やイノベーションに関する既存研究を接続したことである。既存研究において企業内リードユーザーの職種に着目した研究は、管見の限り存在しない。企業内リードユーザーは企画開発職だけでなく、様々な職種に存在する。本研究では、企業内リードユーザーの職種の中でも小売店舗販売員リードユーザーに着目した。その小売店舗販売員リードユーザーのイノベーションにおいて、小売業やサービス業の小売店舗販売員の創造性やイノベー

ションに関する既存研究の枠組みを活用し、考察したことは学術的な意義があることである。具体的には、小売店舗販売員の創造性やイノベーションに影響を及ぼす要因である個人要因、文脈的要因、顧客要因の枠組みが、小売店舗販売員リードユーザーの新製品開発においても適合する可能性があることを示唆した。特に、小売店舗販売員リードユーザーとして、顧客要因を明示した点は理論的な貢献といえる。

5-3　実務的貢献

実務的貢献として以下の2点を挙げる。

まず、企業で実際に行われている新製品開発の事例を研究対象として、企業に存在する従業員を有効活用し、イノベーションへ繋げる方法を提示したことである。企業内リードユーザーの特徴はリードユーザーであることと、企業に所属する従業員であることに整理できるが、その従業員であることが及ぼす影響は、その従事する職種の影響を受けると考えられる。企業外のリードユーザーのアイデアはあくまで自身の主観的なニーズに対するものであり（von Hippel, 1986）、企業が求める商業的に魅力的なイノベーションに適合させるためには、その企業が対象とする顧客ニーズへのソリューションが必要となる。その顧客ニーズを認識している小売店舗販売員リードユーザーを活用することは、商業的に魅力的なイノベーションにつながると考えられる。本章では、その小売店舗販売員リードユーザーが実際の企業で新製品開発に貢献する過程を、定性研究により明示したことは企業が自社に存在するリードユーザーを活用する上で意義があることであり、自社内に存在する企業内リードユーザーの活用を促進するものであるといえる。

次に、小売店舗販売員リードユーザーが企業の新製品開発に参加することにより、通常業務へのモチベーションにもプラスの影響を与える可能性を示唆したことである。小売店舗販売員に、通常業務である販売において、顧客情報の収集を行っている。この顧客情報の収集から得た顧客のニーズ情報を活かして新製品開発を行うことで、自身の通常業務の貢献度を実感し、モチベーション向上につながると考えられる。小売業やサービス業におけるフロントライン従業員の人材不足や採用の困難さが企業において経営課題となっているが、小売

店舗販売員の役割が多様化していく中で、通常業務だけではなく様々な業務に関与することで内発的動機付けがなされることは、今後の小売業の販売員の有効活用と生産性向上に貢献すると考えられる。

5-4　本研究の課題

　本研究には、いくつかの課題がある。まず、シングルケースであることが挙げられる。企業内リードユーザーの既存研究において、スポーツ用品、レジャー用品など技術的複雑性が低く、製品への関与度が高く、成熟度が低い製品領域で発見されているが（Schmidt-Keilich & Schrader, 2019）、企業が扱う製品領域が限定されており、様々な製品領域で発見されているとはいえない。本研究は、企業内に存在する小売店舗販売員リードユーザーを活用して製品開発を行っている希少な事例であり、重要な現象を探索することからシングルケースとした（Eisenhardt & Graebner, 2007）が、業界横断的な事例研究により、調査結果の妥当性の確保が必要である。さらに、企業内リードユーザーを活用した事例に関して、他の業種や小売店舗販売員ではない他の職種に関する研究を行い、その差異を踏まえた上で理論を一般化していく必要がある。

　また本研究は定性研究で探索的に行い、実際の企業で行われている小売店舗販売員リードユーザーを活用した製品開発の実態を明らかにした。サンプルの選択の根拠やデータ収集、分析方法は明確な手順を示した。一方では、小売店舗販売員リードユーザーのイノベーションに関して定量的に評価を行っておらず、製品成果の有無が明らかになっていないことが指摘できる。実際の企業で行われる小売店舗販売員リードユーザーを活用した新製品開発の有効性を明示していくためには、創出された製品のアイデア評価や、市場でのパフォーマンス評価を定量的に調査する必要があり、次章以降でそれらを明らかにしていく。

6．資　　料

6-1 インタビュー調査　質問項目
【個人要因】

- ファッションが好きな理由を教えてください。
- これまでのご自身のファッション遍歴を教えてください。
- 最新のファッションアイテムを誰よりも早く買いますか？
- どのようなブランドが好きですか？
- ファッションに他の人よりもお金をかけますか？
- 自身の経験から製品開発で活かした事例はありますか？
- 自社の製品はプライベートで使用していますか？
- 自社製品への不満はありますか？
- ファッションの情報はどのように取得しますか？
- ファッションの優先順位は？
- 週末やプライベートでもファッションのことを考えていますか？

【文脈的要因】

- 新製品開発として、アイデアを発案する際に自身のニーズか会社の求めるものかどちらが多いですか？
- 自分の経験によるアイデアを社内で実現できないことはありますか？
- アイデアを制限する制約条件はありますか？
- 共創プロジェクトはやりやすかったですか？
- 再び共創プロジェクトに参加してみたいと思いますか？
- 共創プロジェクトでデザイナーとのコミュニケーションはうまく取れましたか？
- 周りのプロジェクトメンバーとのコミュニケーションはうまく取れましたか？

【顧客要因】

- 接客から得られる知見にはどのようなことがありますか？
- 接客から得られる知見の中で製品開発に活かせることはありますか？それはどのようなことですか？
- ご来店されるお客様のスタイルから得られる知見はどのようなことがありますか？
- 接客が楽しいですか？
- 接客をしていて良かったですか？
- 店舗にいることでの気づきはありますか？
- お客様とのコミュニケーションは得意ですか？

6-2　コーディング引用例

カテゴリー3	カテゴリー2	カテゴリー1	引用例
リードユーザー特性	先進性	トレンド情報の収集	「日々ファッションを感じているのでトレンドというよりも、何となく（世の中のファッショントレンドが）こういう流れなど自分の中に自然と入ってきている感覚。」(No.1) 「コンスタントに新しいものを取り入れたいと思います。ほぼ毎月、自分のブランド（自身が働くブランド）の洋服も購入するが、他のブランドも購入して組み合わせて着用している。」(No.4) 「流行りの商品は好きです。結構、買います。」(No.6) 「（トレンド情報を掴むのは）そうですね、早い方だと思う。インスタグラムから知るので最先端ではないが、雑誌とかも見ているので早い方だと思う。」(No.11) 「ファッションが好きで、インスタグラムやファッション雑誌はチェックしていて、毎週1日はファッションショップを見に行くことはしている。」(No.15) 「（トレンドを取り入れることは）一般的な人よりは早いと思います。」(No.15)

第4章 小売店舗販売員リードユーザーによる新製品開発への貢献　105

カテゴリー3	カテゴリー2	カテゴリー1	引用例
		高いファッション関与度	「休みの日にリサーチ（市場調査）をしようとは思わないのですが、自然とファッションショップや洋服に目がいく感じがあります。」(No.16) 「ファッションはすごく好きで、かなりお金をかけている。」(No.2) 「（他人が聞くと）おかしいと言われるくらい（ファッションに）お金をかけています。異常なくらい洋服にお金を使っています。（購入する）金額は言えませんが、新しいものとかに、興味があります。」(No.5) 「買い物に行くのが楽しく、その日に身につける洋服で気分が上がることが忘れられなくてファッション業界を目指しました。ファッションが好きで販売員を目指しました。」(No.13) 「（週の）だいたい半分くらいはファッションに対して時間を使っています。」(No.15) 「根本的にやっぱりファッションが好きだし、興味がすごくあります。」(No.15) 「休みの日にリサーチ（市場調査）をしようとは思ってないですけど、自然と目が（ファッションに）向く感じがあります。」(No.16)
	高便益期待	既存製品への不満	「（自社製品は、お客様に対して）半歩先でももっと提案した方がいいと思います。ここで（新しい部分を）伸ばさないと安心したものしかなくなると思います。」(No.2) 「（自社製品を）OFFの日は着ないです。自身の求めているファッションとは異なります。自分が着たいという（先端の）商品がもっとあればいいなと思います。」(No.8) 「（自社製品を）あまり着ない。」(No.11) 「（自社製品は自身においても、お客様にとっても）全体の2、3割は新しい提案が必要だと思います。」(No.15)
		企画開発プロセスへの興味・関心	「商品開発に携わりたいという目標があって、商品が開発される過程を知ることができたことは大きかったです。服を一着作るにも、

カテゴリー3	カテゴリー2	カテゴリー1	引用例
			素材、色、仕様とか色々あって、難しいなと思ったけど、自分にとって大きなきっかけになりました。」(No.11)
			「企画に携われることで、（企画開発は）興味のあった部分だったので良かったです。色々と選べる立場にいて、素材を選んだり、他の店舗の方と関われたことは良かったと思います。」(No.12)
			「（企画開発に関して）知らないことが多かったので、デザイナーのデザインや素材などの知識やコストを掛ければいろいろできるなど、勉強になりました。」(No.12)
共創プロセス	企画開発部門との共創	専門知識のサポート	「（共創において、プロジェクトメンバー）みんなの意見を聞いてもらい、商品部の人と少人数で進められたのは良かった。デザイナーの方がすごく話を聞いていただき、自分も（企画開発に関して）そんなに詳しいわけではないので、そこにアドバイスをしていただき、自分達がイメージしやすいようにしていただけた。」(No.5)
			「（技術的なことは）全然分からなかったので、こうもできますか？と質問しても、できることを考えてくださり助かりました。」(No.7)
			「例えば（ニット製品の）糸を減らしたらどうなるのか？とか専門的なことはわからないので、商品部の方とかデザイナーさんとかはすごいなと思いました。自分だけでこういうものが作りたいと進めると、多分全然違うものができてしまい、自分が想像しているものが、作れていないだろうなと思いました。」(No.8)
			「商品のイメージしかお伝えできない部分を専門的な提案があって、その都度質問もさせてもらって、こちらの知識が足りない部分は商品部の方々に補ってもらえました。」(No.10)

カテゴリー3	カテゴリー2	カテゴリー1	引用例
		企画開発部門とのコミュニケーション	「(商品部との)連携はすごく細かく質問とかもさせていただいて、連携しづらいことはなかったです。」(No. 4) 「(商品部から)すごく細かく連絡もらって、意見を汲み取ってもらってやりやすかったです。」(No. 7) 「(共創において自分達の意見を)優先していただいてありがたかった。意見をすごく反映させてもらえて良かった。(打ち合わせが)オンラインだったのでやりとりが難しいとは思いましたが、サポートしてもらって助かりました。」(No.11) 「とても明るく受け入れてもらって、話しやすかったです。」(No.12)
	共創PJT参加によるモチベーション向上	共創FJTからの学習	「商品部や他店(の販売員)と関われることができて刺激を受けたことと、日々お客様のお声を収集していることの重要さを再認識することができた。」(No.10) 「自分達が良いと思うものを作るのにこれくらい原価がかかるなど知れたことで、今回の商品だけでなく店頭に並んでいる商品に対する考え方も変わりました。」(No.12)
		共創PJTチーム連携	「商品を作るっていうことに関わったことがなかったので、参加できたのが貴重な経験だった。今回は、企画をして一緒に作るっていうことでしたが、アイデアを最大限開いてくださって、チームで作っている感覚があった。」(No. 6) 「(プロジェクトメンバー間での)コミュニケーションもすごく取りやすかった。意見を言いやすい雰囲気でした。」(No. 6)
自身と顧客のニーズの融合	顧客接点からの情報収集	接客から得られる情報	「お客様がどういうものを買っていただいて、どういうテンション(=気持ち)で買っていただいているかは現場でないと(売上データなどの)数字ではわからない。」(No. 1) 「(お客様の)スタイルでも情報は得られます。こういうファッションの人が増えてるんだなぁとか、そういうことを感じてました。」(No. 1)

カテゴリー3	カテゴリー2	カテゴリー1	引 用 例
			「お客様から具体的にこれが欲しいということもあるので、お店（自店舗）の品揃えで対応できないものとかが店頭で分かる。着ていただいて、作り手が想定していない用途で着用される。例えば、カーディガンとかでカジュアル向けに作っているものをビジネスで着るとかは接客ではないと分からない。メンズだと女性が代理購入されるので、女性視点での色やデザインの商品は接客していると（必要性を）感じる。多分EC（Electronic Commerce）販売だと分からない情報である。」(No.3) 「自分の持っているものと、どう組み合わせたいか？を気にされて家からワードローブを持って来られて、専属スタイリストみたいな感じで、何パターンか考えてほしいみたいな要望があったりする。」(No.4) 「接客していてお客様が着ていただいて良いことはすぐにわかるけど、ご購入されなかった際の懸念されているポイントが（製品開発に）活かせる。お客様が試着されて（購入されずに）戻される際に、『どこが気になりましたか？今後に役立てたいので』と聞くようにしている。売れているものは分かるが、売れていないものはお客様目線で情報を持っていた方が良い。周りのスタッフやお客様から聞くようにしている。」(No.5) 「接客から活かせる声はたくさんあると思います。例えば、インスタグラムとかを見てこられる若いお客様が増えています。実際に店頭に立っていないと、どういうお客様が来られるか分からないと思うので、そこの（お客様の）声を聞けて商品にすぐに反映させることが重要だと思います。」(No.6) 「お客様が気になっているものが、自分が思っているよりトレンド性があったりとか、自分が着ているものを真似してくださったりとかあるので、接客をして考えるものと、（接客）しないで考えるのでは異なると思い

カテゴリー3	カテゴリー2	カテゴリー1	引用例
			ます。」(No.8) 「服に関する感想ではなく、どこに着ていくか？とか何に合わせるか？というのはお客様とお話ししないと分からない。お客様がどういう洋服をお持ちかなどは接客から得られていた。」(No.10) 「お客様とお話しすると他店と比較されている方が多いので、グリーンレーベルが好きな方以外は、こういうものが流行っていますよねという知識をお持ちです。そこから吸い上げたり、周りで見たもので（企画開発に）反映をさせたりします。」(No.12) 「接客というよりか、会話という気持ちでいる。お客様からスタイリングに関して学ぶことがある。」(No.13)
		接客に対する意識	「販売員としてはお客様に喜んでいただきたい気持ちが強く、メンバーも巻き込みやすかったです。」(No.2) 「（接客は）大好きです。人と話すのが好きなので。」(No.5) 「もっとリアルなお客様の声に耳を傾けた方がいいのかなと思います。」(No.16)
	自身と顧客のニーズの差異認識	ターゲットとする顧客ニーズの認識	「グリーンレーベルの（お客様の）場合は、（自分と比較して）どちらかと言うとファッションの積極性とか関与とかが異なり、さらに年齢とか家族構成とかが異なる。」(No.1) 「半歩先の提案、ちょっとしたトレンド提案がお客様の安心感を求める部分との差がある。」(No.2) 「自分が好きなものと、GLRの（お客様の）ニーズは異なるが、GLRは幅広いお客様層を取り込めるのはすごいなと思います。若い人からお年寄りまで取り込めるブランドである。」(No.5) 「感度と言うか、どちらかと言うと、私たちが着たいなと思う商品は一歩先というものが多いと思います。」(No.7)

カテゴリー3	カテゴリー2	カテゴリー1	引用例
			「(共創プロジェクトにおいて)イメージ的には自分達が着たいというのがあって、そこからお客様へ販売していくために(デザインなどを)変えていった。ちょうど中間くらいのバランスになった。自分達だけが着るものであれば、もう少し攻めたデザインでも良かったけど、今の(完成した)商品の方が安心して販売していける。」(No.10) 「年齢層で主婦層の方も来られていたり、どちらかというとベーシック志向、お客様にはよるが色もの同士の組み合わせは抵抗がある、コンサバかベーシックが好きな方が多いです。」(No.11) 「(自分の着たい洋服とお客様が着たい洋服に)差がある。お客様は保守的な方が多いので、トレンドも広まってから取り入れる方が多い印象で時間軸の差があると思う。周りと合わせたいなど。」(No.12) 「顧客ニーズと自身のニーズでは差があるが、お客様のファッション感度も上がっている。」(No.14) 「私はファッションが好きだし、グリーンレーベルのお客様よりも、派手なこと(=スタイリング)とかできるけれどもただグリーンレーベルのお客様は難しいと思います。」(No.15) 「自分はカジュアルが好きで、うちのお客様はやっぱり少しちょっと綺麗なファッションが好きだと思います。」(No.16)
		自身と顧客ニーズのバランス	「(何回かの共創プロジェクトの打ち合わせの)その後、お客様に紹介して受け入れられるものの提案(=新製品アイデア)に変化していった。」(No.2) 「(共創プロジェクトの)回を重ねるにつれて発言できて、自分も着たいし、顧客様にもお勧めしたいと思った。みんなが考えて作っていて、一人一人が色々な要望があったと思うが、よりお客様に販売することを考えた時に、自分達が提案したものと、お

第4章　小売店舗販売員リードユーザーによる新製品開発への貢献　111

カテゴリー3	カテゴリー2	カテゴリー1	引　用　例
			客様が着ていただいてオシャレだと感じるところのすり合わせはできた。」(No.4) 「あまりにも（デザイン性が）行き過ぎていると、お客様に受け入れられないので、お客様にいけそうで自分でも欲しいと言うバランスを取った感じでやっていました。」(No.7) 「(共創プロジェクトで開発した製品は) 自分も着たいし、お客様にもお勧めしたいと思った。みんなが考えて作っていて、一人一人が色々な要望があったと思うが、よりお客様に販売することを考えた時に、自分達が提案したものと、お客様が着ていただいてオシャレだと感じるところのすり合わせができた。」(No.9) 「(共創プロジェクトにおいて) イメージ的には自分達が着たいというのがあって、そこからお客さまへ販売していくために変えていった。ちょうど中間くらいのバランスになった。自分達だけが着るんだったらもう少し攻めても良かったけど、今の商品の方が安心して販売していける。」(No.10) 「自身のニーズとお客様ニーズとの融合ができていたと思います。」(No.14) 「自分達の欲しいものに寄りすぎないようにした。自分達の欲しいものと、お客様に受け入れられるものとのバランスを取らなければならない。かといって保守的になりすぎないようにしました。」(No.15)

6-3　リードユーザーネス測定尺度

先進性	1	私は普段、ファッションの情報を他の人より早く見つけています。
	2	私はファッションの分野では「先端」にいると思われています。
	3	私はファッションを知り尽くしています。
	4	私は、他の人よりファッショントレンドを取り入れるのが早い。
高便益期待	1	市販のファッションアイテムでは解決できない問題に直面することが多いです。
	2	市販のファッションアイテムの一部に不満があります。
	3	私のファッションでは、従来のメーカーが提供しているものでは解決できない問題が既に発生しています。
	4	私の考えでは、販売中のファッションアイテムにはまだ満足できない問題があります。
	5	現在、市販されている商品では満たされないファッションに関連するニーズがあります。
	6	ファッションアイテムの一部で、洗練されていないことにイライラすることがあります。

[注]

1　本章の内容は以下の論文（査読あり）を修正したものである。
　渡邉裕也（2023）.「企業内リードユーザーによるイノベーション―小売店舗販売員との共創による新製品開発―」『マーケティングレビュー』4 (1), 18-24.
2　コロナ禍であったことで、一部オンラインミーティングツールであるMicrosoft社のTeamsを使用してインタビューを実施した。
3　インタビューでの質問項目を本章末の6．資料の6-1インタビュー調査　質問項目に記載したので参照されたい。
4　テープ起こしの際に浮かび上がった問題や不明点を解決するために、随時インタビュイーの何名かとメールのやり取りを行った。
5　リードユーザーネスは、先行研究（Schweisfurth, 2017）を参考に先進性4項目、高便益期待6項目をリッカート7点尺度（1＝全く当てはまらない、7＝とても当てはまる）で測定した。各項目は、本章末の6．資料の6-3リードユーザーネス測定尺度に記載したので参照されたい。
6　コーディングの引用例を本章末の6．資料の6-2コーディング引用例に記載したので参照されたい。

第5章
小売店舗販売員リードユーザー発案製品のアイデア評価に影響を与える要因

1．本章の概要

　本章では、実際の企業で行われている小売店舗販売員リードユーザーを活用した新製品開発を対象として、新製品のアイデア評価に影響を及ぼす先行要因に関する研究を行う。特に、第2章で提示した顧客要因としての自身のニーズと顧客ニーズの融合に着目する。

　リードユーザーと従業員の2つの特性を併せ持つ企業内リードユーザー研究において、リードユーザーの特徴である先進性と高便益期待からなるリードユーザーネスの高さが、新製品アイデアの評価に正の影響を与えることが明示されている（Schweisfurth, 2017）。企業に所属しながら、先進性を持った自身のニーズに対するソリューションを提案することが新製品開発において重要であるということである。

　一方では、企業が新製品開発を行う上で、魅力的なイノベーションを起こすためには、不特定多数の顧客ニーズを満たす必要がある。企業外のリードユーザーにおいては、先進性の高い自身のニーズを解決するという主観的なアイデア発想で魅力的なアイデアが生まれるが（Lilien et al., 2002）、そのアイデアを企業が活用する上では課題がある。企業の新製品開発においては、そのアイデアを潜在的な顧客のニーズに合わせて、商業的に魅力的なものへと調整していく必要がある（Narver et al., 2004）。すなわち、新製品が普及していく段階では、時間軸で推移していくマーケットボリュームに適合させ、企業の求めるイノベーションとすることが重要である。そのマーケットにおける顧客ニーズを認識するために様々な手段が存在するが、従来のフォーカス・グループインタビューのような伝統的市場調査では複雑な顧客ニーズを的確に捉えることには限界があった（von Hippel, 2005; 小川, 2013）。

　複雑な顧客ニーズを的確に捉えるために、顧客接点を持ち、異なる顧客ニーズに接している小売店舗販売員やフロントライン従業員を活用することは重要である（Sousa & Coelho, 2011）。顧客ニーズは、顕在型と潜在型に分別される（Narver et al., 2004）。顕在型のニーズとは、既存の顧客が認識し表明することが可能なニーズである。一方では、潜在型のニーズは、既存の顧客が気付いて

いないニーズや潜在的な顧客のニーズである。企業はその2つのニーズを共に満たしソリューションを提案する必要があるが、新製品開発においては、より潜在型のニーズを満たすことが重要であるとされる（Narver et al., 2004）。職種を問わず企業内リードユーザーは企業内に存在しているが、既存顧客の潜在ニーズや潜在的な顧客のニーズを認識し、かつリードユーザーの資質を持つ小売店舗販売員を活用することは企業にとって効果的であると考えられる。

しかし、既存の研究では小売店舗販売員リードユーザーが、新製品開発のアイデア発案において影響を及ぼすリードユーザーネス以外の先行要因が明らかになっていない。以上から、本章では、小売店舗販売員リードユーザー発案製品のアイデア評価に影響を及ぼす先行要因に関して、リードユーザーネスとの組み合わせを、ファジィ集合質的比較分析（fsQCA）を用いて考察していく。

2．先行研究のレビュー

本節では、新製品開発において企業内リードユーザーのアイデア評価に影響を与える要因に関する先行研究と顧客志向に関する先行研究のレビューを行う。

2-1 企業内リードユーザーのアイデア評価に影響を与える要因に関する先行研究

まず、企業内リードユーザーのアイデア評価に影響を与える要因に関する先行研究の課題を改めて整理する。

企業内リードユーザーは、リードユーザーとしての特徴と従業員としての特徴を併せ持つ（Schweisfurth & Raasch, 2015）。まずは、リードユーザーの特徴に関して確認する。リードユーザーを測る尺度であるリードユーザーネスの先進性は、特定のカテゴリーにおいて先端に位置し、大多数の消費者が直面する以前にそのニーズを認識していることであり、高便益期待は、そのニーズを解決することで便益を得ることを期待していることである（von Hippel, 1986）。その先進性の高さがイノベーションの可能性とイノベーションの商業的魅力に有意に正の影響を与え、高便益期待の高さがイノベーションの可能性に有意に正の影響を与えることが明らかになっている（Franke et al., 2006）。すなわち、

リードユーザーネスの構成概念である高い先進性と高い高便益期待を持つ人材が、魅力的なイノベーションを起こす可能性が高いということである。この特徴は企業外、企業内を問わずリードユーザー共通のものである。

　さらに、リードユーザーネスの先行要因として、消費者知識と使用経験がリードユーザーネスに有意に正の影響を与えること（Schreier & Prügl, 2008）や、同じく製品関連知識と使用経験がリードユーザーネスに有意に正の影響を与えること（Faullant, Schwarz, Krajger, & Breitenecker, 2012）が明らかになっており、自身が一人の消費者として得ている知識や、その製品の使用経験がリードユーザーには必要であるといえる。

　つまり、リードユーザーとしてイノベーションに影響を与える要因である先進性と高便益期待からなるリードユーザーネスは、あくまで自身の使用経験や、その経験から得られる知識によるものである。よって、新製品開発におけるリードユーザーのアイデアは先端に位置する自身のニーズに対してのものが主となる。

　一方では、企業内リードユーザーにおいては企業外のリードユーザーと同じくリードユーザーネスの高さが新製品アイデアの新規性、ユーザー価値、市場性に有意に正の影響を与えるが、組織に所属し組織固有の知識に囚われることで、創造性に制限がかかることが示唆されている（Schweisfurth, 2017）。ゆえに、企業内リードユーザーのアイデアは通常の従業員やユーザーよりも新規性、ユーザー価値、市場性が高いが、企業外のリードユーザーと比較すると新規性とユーザー価値が低いことが明らかになっている（Schweisfurth, 2017）。企業内リードユーザーは、企業に所属することで自社の技術能力や、アイデアが自社で実現可能かどうかを認識しているために創造性に制限がかかるとされるが（Schweisfurth, 2017）、一方では企業に所属していることで得られる一定程度の知識や経験から、企業の新製品開発において魅力的なイノベーションに貢献する先行要因も存在すると考えられる。企業に所属する従業員は、その企業が扱う製品カテゴリーにおいて、顧客ニーズを認識して、魅力的なイノベーションに繋げていくための経験や知識を得ているからである。

2-2 市場志向、顧客志向に関する先行研究

　企業の目的を達成するために、ターゲットとなる市場のニーズを認識し、それに対するソリューションを提案することが重要であり（Narver et al., 2004）、新製品開発においても市場や顧客のニーズに関する情報と、そのニーズを解決するためのソリューションに関する情報が重要である。その市場や顧客を中心にとらえていく概念として市場志向と顧客志向がある。

　市場志向は、1990年代初めごろから議論され始め、Kohli and Jaworski（1990, p.6）は市場志向を行動的視点で捉え、「既存顧客や将来の顧客のニーズに関する組織全体での情報の生成、部門を超えたその情報の普及、その情報への組織レベルでの反応」と定義した。一方では、Narver and Slater（1990, p.21）は市場志向を組織文化的視点で捉え、「買い手に対して、優れた価値を創造するために必要な行動を最も効果的、効率的に生成し、持続的な優れた成果を上げる組織文化」と定義し、さらに市場志向には顧客志向、競争志向、部門調整が内包されているとする。この2つの定義において、市場や対象とする顧客に対しての行動と組織文化で分別されるが、市場や顧客を中心に据え置いた組織レベルでの概念であることは一致している。市場志向が、新製品開発に影響を及ぼす影響を明示した研究も蓄積されている。Im and Workman（2004）は、米国のハイテク製品の製造業をサンプルに新製品開発における創造性を、製品の新規性と有用性で評価を行い、市場志向が与える影響を考察した。結果として、市場志向の構成要素である顧客志向が新規性にはマイナスの影響を及ぼし、有用性にはプラスに働いていることが明らかになった。つまり、既存の顧客の意見を汲み取りすぎると、新製品開発において新しいアイデアを創出することを阻害する可能性があるということである。

　さらに、市場志向は対象とする顧客ニーズを細分化し、分別することができる。顕在型のニーズとは、顧客が認識し、表明することが可能なものである（Narver et al., 2004）。企業の見地に立つと、すでに市場や顧客において顕在化しているニーズであり、既存顧客への対応を意味する（Narver et al., 2004）。一方では、潜在型のニーズは、顧客が気付いていないニーズであり、企業から見ると、既存顧客ではなく潜在顧客のニーズや顧客の潜在的なニーズである（Narver et al., 2004）。その2つのニーズに対応する概念として、市場志向にも

顕在型のニーズを満たす反応型市場志向（responsive market orientation）と、潜在型のニーズを満たす先行型市場志向（proactive market orientation）があり、新製品の評価に対しては先行型市場志向だけが有意に正の影響を与えることが明示されている（Narver et al., 2004）。

Tsai, Chou, and Kuo（2008）においては、先行型と反応型の2つの市場志向と新製品のパフォーマンスにおける曲線的な関係は、外部環境に依存することを明らかにした。具体的には、外部環境として技術的な変動性が低い場合は、反応型市場志向は一定のレベルを超えると新製品の性能にマイナスの影響を及ぼし、技術的な変動性が低く、競争が緩やかな場合において先行型市場志向と新製品性能との関係性は逆U字型になることが分かった。

企業の成果に対して先行型市場志向と反応型市場志向のどちらが望ましいかという議論においては、先行型市場志向が望ましいとする見解（Narver et al., 2004）がある一方では、顕在化された現在の顧客のニーズを満たす反応型市場志向を実行した上で、将来の顧客のニーズを満たすことができるという見解も存在する（Connor, 2007）。また先行型市場志向を重視する研究者も、反応型市場志向とバランスをとることが必要だとしている（Slater & Narver, 1998）。

組織レベルの概念として市場志向が存在する一方では、個人レベルでは顧客志向と呼ばれる概念が存在する。市場志向と顧客志向を厳密に分別することは困難であるが、本研究では組織レベルでの概念を市場志向、個人レベルでの概念を顧客志向と分別し（Siguaw, Brown, & Widing, 1994）、顧客志向は市場志向に内包される概念として議論を進める。顧客志向は、「顧客ニーズを満たし、購入の意思決定を支援しようとすることによって、マーケティングの概念を実践する程度」（Saxe & Weitz, 1982, p.344）、「従業員が職務上、顧客ニーズに応えようとする傾向や資質」（Brown et al., 2002 p.111）など様々な概念が存在するが、本研究では市場志向に内包される概念として、対象となる買い手を十分に理解し、その買い手に対して継続的に優れた価値を創造できるようにすること（Narver et al., 1990）として捉える。

企業の市場志向が顧客満足に正の影響を与えるとされ（Kohli & Jaworski, 2012）、その企業の市場志向を高めるためには、小売業において顧客は店舗販売員を企業と認知しているために、店舗販売員の顧客志向を高めることが重要

であると考えられる（Siguaw et al., 1994）。

　新製品開発においては、顧客志向は顧客ニーズに対する顧客情報の収集に関連している（Day, 1994; Narver & Slater, 1990）。顧客のニーズを注意深く観察することによって、有用な新製品アイデアを創造し、その結果としてイノベーションにつながる（Im & Workman, 2004）。よって、顧客ニーズに関する知識の取得は、魅力的なイノベーションを起こすための第一条件と位置付けられている（Joshi, 2016）。

2-3　本節のまとめ

　本節では、ユーザーイノベーション研究の潮流である企業内リードユーザーが発案するアイデアに影響を及ぼす要因に関する既存研究と、市場志向や顧客志向に関する既存研究の整理を行った。企業内リードユーザーのアイデアに影響を及ぼす要因として、リードユーザーの特徴であるリードユーザーネスが挙げられる。先進性と高便益期待からなる高いリードユーザーネスは企業の内外を問わず、新製品開発のアイデアに正の影響を及ぼすことが明らかになっている（Schweisfurth, 2017）。一方では、企業に所属している従業員であることによって、創造性にマイナスの影響があることも示唆されている。

　さらに、新製品開発において重要な要素である顧客ニーズを認識する市場志向や顧客志向という概念がある。その中でも先行型市場志向が顧客の潜在型ニーズを捉えるためには、重要であるとされる（Narver et al., 2004）。つまり、新製品開発においては、企業内リードユーザーとして先進性の高い自身のニーズを満たすことと、自身が所属する企業のターゲットとする顧客のニーズを満たすことの2点が重要だと考えられる。以上より、リードユーザーの特徴であるリードユーザーネスと企業内リードユーザーの中でも小売店舗販売員リードユーザーの特徴である顧客志向との組み合わせが、小売店舗販売員リードユーザーのアイデアの質にどのような影響を及ぼすかを探究していく。

3．研究方法

　本節では、研究方法について述べる。まず、調査概要として研究の対象とな

るサンプルとデータ収集の方法について述べる。次に、尺度の測定について記述し、測定した尺度の信頼性と妥当性に関して確認する。最後に、分析方法であるfsQCAの手順を述べる。

3-1　サンプルとデータ収集

　調査対象は、新製品開発において企業内リードユーザーを継続的に活用し、成果を出していることから、株式会社ユナイテッドアローズ内のブランドであるグリーンレーベルリラクシングで行われている共創プロジェクトとした。2022年に行われた共創プロジェクトで応募のあったアイデア102件（応募人数46人）をサンプルとする。アイデア募集は2022年1月と6月に行われ、女性用の夏物と冬物の製品が対象となった。共創プロジェクトの流れは、第3章に記載のとおりである。

3-2　測　　定

　結果となるアイデア評価に関しては先行研究（Im & Workman, 2004）を参考に新規性6項目、有用性4項目を採用し、その評価項目に沿って企画開発部門と営業部門のリーダー2名にリッカート7点尺度（1＝全く当てはまらない、7＝とても当てはまる）でアイデア評価の採点を依頼した。ともに評価者間の高い相関（新規性$r=0.57$, $p<0.001$、有用性$r=0.46$, $p<0.001$）を確認し、2名の評価者の平均値を使用した。原因条件に関しては、先行研究を参考にリードユーザーネスの先進性4項目、高便益期待6項目（Schweisfurth, 2017）、先行型顧客志向8項目、反応型顧客志向7項目（Narver et al., 2004）、技術的専門知識6項目（Franke et al., 2006）をリッカート7点尺度（1＝全く当てはまらない、7＝とても当てはまる）で測定した。なお、アイデア評価（新規性、有用性）、原因条件ともに著者が日本語に翻訳した質問項目を、英語ネイティブレベルの第三者に英語への翻訳を依頼し、翻訳の正確性についての確認を行った。

　結果となるアイデア評価の新規性、有用性、原因条件のリードユーザーネス、先行型顧客志向、反応型顧客志向、技術的専門知識に関して確認的因子分析を行い、構成概念の信頼性と妥当性を確認した。構成概念の信頼性に関してクロ

第5章　小売店舗販売員リードユーザー発案製品のアイデア評価に影響を与える要因

ンバックα係数は、リードユーザーネス（先進性0.88、高便益期待0.92）、先行型顧客志向0.85、反応型顧客志向0.81、技術的専門知識0.91、新規性0.97、有用性0.98と、基準値の0.70を超えていた（Nunnally, 1978）。CR（Composite Reliability、合成信頼性）もリードユーザーネス（先進性0.89、高便益期待0.93）、先行型顧客志向0.86、反応型顧客志向0.81、技術的専門知識0.93、新規性0.97、有用性0.98と0.60以上であり、信頼性は満足できる値を示している（Bagozzi & Yi, 1988）。続いて、構成概念の妥当性を確認する。妥当性は、まず各項目について、標準化係数（因子負荷量）が有意であり、0.50を超えていることを確認した。先行型顧客志向で2つの項目（「私は、既存商品が売れなくなるリスクを冒してでも、新製品を提案したい」、「私は、現在の市場のユーザーが将来何を必要とするかを知るために、主要なトレンドを推定しています」）、反応型顧客志向で2つの項目（「私は、お客様に関する情報を、商品部や様々な部門に伝えています。」、「私は、顧客満足度に関するデータを、定期的に確認しています。」）の標準化係数が0.50を下回っているために削除した。また、反応型顧客志向で「私は、顧客満足度を意識しています。」に天井効果が見られたため削除した。次に、AVE（Average Variance Extracted、平均分散抽出）がリードユーザーネス（先進性0.68、高便益期待0.71）、先行型顧客志向0.52、反応型顧客志向0.52、技術的専門知識0.70、新規性0.86、有用性0.91と基準値の0.50以上であり、収束妥当性も確認できた（Hair, Black, Babin, & Anderson, 2010）。弁別妥当性に関しても、それぞれの構成概念のAVEが、構成概念間の相関係数の平方を上回っており、確認できた（Fornell & Larcker, 1981）。図表5-1は、すべての構成要

図表5-1　相関係数

		n	Mean	SD	1	2	3	4	5	6
1	新規性	102	4.10	1.18	-					
2	有用性	102	3.90	0.95	0.20	-				
3	リードユーザーネス	102	5.01	0.87	0.58	0.57	-			
4	先行型顧客志向	102	5.43	0.80	0.48	0.49	0.64	-		
5	反応型顧客志向	102	5.90	0.78	0.31	0.36	0.50	0.81	-	
6	技術的専門知識	102	4.43	1.50	0.37	0.20	0.42	0.35	0.20	-

（筆者作成）

素の相関係数を記載している。なお、分析にはR version 4.2.1ソフトウエアパッケージを使用した。

3-3 分析方法

本研究では、分析手法として集合論とブール代数を活用し、特定の結果につながる原因条件の組み合わせを導き出す手法（Ragin, 2008）である質的比較分析（QCA）の中でも、連続変数を扱うことのできるファジィ集合質的比較分析（fsQCA）を採用した（横山, 2017）。この分析手法を採用した理由として、原因条件がどのように組み合わさって結果をもたらすかを明らかにし、複雑な因果関係を扱うことができること（Fiss, 2011; Ragin, 2008）、高いアイデア評価につながる必要条件と十分条件を提示でき、アイデア評価の高い結果を生じさせる原因条件と低い結果を生じさせる原因条件とが異なるという因果関係の非対称性や、様々な原因条件の組み合わせが存在するという等価性を想定でき（Rihoux & Ragin, 2009）、小売店舗販売員リードユーザーのアイデア評価に影響を及ぼす要因の組み合わせを探るという本研究の目的とも合致するからである。特に、fsQCAの集合論的アプローチは、従来の多変量回帰分析では、多重共線性の問題で解釈が難しいアイデアの質に影響を及ぼす個人の特性という複雑な要因の組み合わせを分析することが可能である。

fsQCAの手法を、順を追って述べる。①原因条件を特定する。原因条件は、前節に記載した通り先行研究を参考に特定したリードユーザーネスの先進性と高便益期待、先行型顧客志向、反応型顧客志向、技術的専門知識を用いた。②次に、原因条件と結果に関して各変数を0から1の間のメンバーシップ値に変換するキャリブレーション（calibration：較正）を実施する。キャリブレーションは直接法（Ragin, 2008）を採用し、完全所属、完全非所属、境界点の閾値を設定した。閾値は先行研究（Frösén, Luoma, Jaakkola, Tikkanen, & Aspara, 2016）から、完全所属は第1四分位数とし、完全非所属は第3四分位数、境界点は中央値とした。結果であるアイデア評価の新規性と有用性の閾値に関しても同じく完全所属は第1四分位数とし、完全非所属は第3四分位数、境界点は中央値とした。原因条件と結果の各閾値は、**図表5-2**に記載のとおりである。閾値を設定した後に、対数オッズを用いてメンバーシップ値を計算した。③続いて、

結果と原因条件のキャリブレーションを行って得られたデータを使用し、不完備真理表を作成した。原因条件の組み合わせの数は、本研究の原因条件が4つのため、2の4乗の16個の組み合わせである。その16個の組み合わせの中からPRI整合性0.75を基準（Ragin, 2008）とし、1, 0のスコアを与え完備真理表を完成させた。④そして最後に、解を導出するために完備真理表を用いて標準分析（standard analysis）を行った。なお、分析にはfs/QCA4.0ソフトウエアパッケージを使用した。

図表5-2　キャリブレーションのための閾値

	完全非所属	境界点	完全所属
新規性	3.31	4.13	5.08
有用性	3.13	3.94	4.63
リードユーザーネス	4.42	4.83	5.54
先行型顧客志向	4.67	5.33	5.83
反応型顧客志向	5.25	5.75	6.75
技術的専門知識	3.29	4.25	5.67

（筆者作成）

4．研究結果

分析の結果は、**図表5-3、5-4**に示されるとおりであった。真理値表分析の結果として節約解と中間解に属する原因条件の組み合わせを中核条件、中間解のみに属する原因条件の組み合わせを周辺条件とした（Fiss, 2011）。アイデア評価の高い新規性に影響を与える原因条件の組み合わせが2つ、アイデア評価の低い新規性に影響を与える原因条件の組み合わせが2つ、高い有用性に影響を与える原因条件の組み合わせが3つ、低い有用性に影響を与える原因条件の組み合わせが2つ存在する可能性があることが明らかになった。新規性においては、高いアイデア評価の新規性の解被覆度が0.55、低いアイデア評価の解被覆度が0.63であることから高いアイデア評価は全体の55％、低いアイデア評価は全体の63％を説明しているといえる。有用性の高いアイデア評価の解被覆度が0.63、低いアイデア評価が0.52であることから、高いアイデア評価は3つ

図表5-3　新規性の十分条件分析結果

	High		Low	
	C1	C2	C1	C2
リードユーザーネス	●	●	⊗	⊗
先行型顧客志向	●	●	⊗	
反応型顧客志向		●	⊗	●
技術的専門知識	⊗			⊗
粗被覆度	0.29	0.50	0.46	0.29
固有被覆度	0.05	0.26	0.34	0.18
整合度	0.78	0.82	0.81	0.91
解被覆度	0.55		0.63	
解整合度	0.81		0.83	

注：●は条件の存在を示し、⊗は条件の不在を表す。記号の大きさに関しては、大が中核条件、小が周辺条件、空欄は無関係を表す。

（筆者作成）

図表5-4　有用性の十分条件分析結果

	High			Low	
	C1	C2	C3	C1	C2
リードユーザーネス	●	●	●	⊗	⊗
先行型顧客志向	●		●	⊗	⊗
反応型顧客志向		●	●		⊗
技術的専門知識	⊗	⊗		⊗	
粗被覆度	0.32	0.31	0.53	0.35	0.46
固有被覆度	0.06	0.04	0.26	0.06	0.17
整合度	0.92	0.85	0.90	0.83	0.79
解被覆度		0.63			0.52
解整合度		0.87			0.79

注：●は条件の存在を示し、⊗は条件の不在を表す。記号の大きさに関しては、大が中核条件、小が周辺条件、空欄は無関係を表す。

（筆者作成）

第5章 小売店舗販売員リードユーザー発案製品のアイデア評価に影響を与える要因　125

の原因条件の組み合わせで全体の63％、有用性は2つの組み合わせで全体の52％を説明していると考えられる。また、粗被覆度に関しては、新規性の高いアイデア評価が0.29、0.50、低いアイデア評価が0.46、0.29、有用性の高いアイデア評価が0.32、0.31、0.53、低いアイデア評価が0.35、0.46であった。整合度は、高いアイデア評価の新規性が0.78、0.82、低いアイデア評価の新規性が0.81、0.91、高い有用性が0.92、0.85、0.90、低い有用性が0.83、0.79であり、組み合わせの妥当性は高いといえる（Fiss, 2011; Ragin, 2008）。

　アイデア評価の高い新規性に影響を及ぼす要因として、C1は高いリードユーザーネス、高い先行型顧客志向、低い技術的専門知識、C2は高いリードユーザーネス、高い先行型顧客志向、高い反応型顧客志向の組み合わせが挙げられる。特に、高いリードユーザーネスと高い先行型顧客志向の組み合わせは、C1とC2の双方に存在することから、高い新規性に影響を及ぼす重要な組み合わせ要素だと考えられる。低い新規性は、C1で低いリードユーザーネス、低い先行型顧客志向、低い反応型顧客志向、C2は、低いリードユーザーネス、高い反応型顧客志向、低い技術的専門知識の組み合わせとなっている。

　アイデア評価の高い有用性に関しては、C1は高いリードユーザーネス、高い先行型顧客志向、低い技術的専門知識、C2は高いリードユーザーネス、高い反応型顧客志向、低い技術的専門知識、C3は高いリードユーザーネス、高い先行型顧客志向、高い反応型顧客志向の組み合わせである。高い有用性は、リードユーザーネスと先行型顧客志向か反応型顧客志向の組み合わせがC1～C3の全てに組み込まれている原因条件となっている。低い有用性は、C1で低いリードユーザーネス、低い先行型顧客志向、低い技術的専門知識、C2は、低いリードユーザーネス、低い先行型顧客志向、低い反応型顧客志向の組み合わせとなっている。

5．本章のまとめ

本節では、これまでの調査の考察を行う。そして、本研究の理論的貢献と実務的貢献、本研究の限界と課題を述べる。

5-1　考　察

本章では、小売店舗販売員リードユーザー発案製品のアイデア評価に影響を及ぼす要因の解明を試みてきた（**図表5-5**）。これまでの既存研究で明らかになっていない企業内リードユーザーのアイデアの質に影響を及ぼす要因に関して、小売店舗販売員に着目をして調査を行った。企業内リードユーザー研究において、企業内リードユーザーの高いリードユーザーネスが新製品アイデアの質に有意に正の影響を及ぼすことが明らかになっているが、従業員であることが及ぼす影響が負の要因でしか言及されていない（Schweisfurth & Raasch, 2015）。ユーザーは個人のニーズを満たすことを優先し、企業や組織は市場の平均的なユーザーのニーズを満たすことを優先する。企業内リードユーザーはユーザーと企業の2つに組み込まれているために、その2つの目標や価値観に差異があることで葛藤を感じ、仕事の満足度が低下するとされる（Schweisfurth & Raasch, 2020）。また、自社の技術能力やアイデアの自社における実現可能性を認識しているが故に、アイデアの価値に制限が出るなど、その組織固有の知

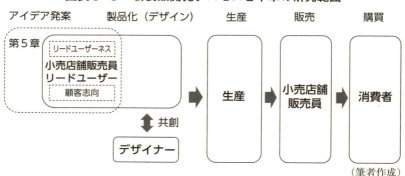

図表5-5　新製品開発プロセスと本章の研究範囲

（筆者作成）

識に固執する可能性があり、アイデア発案の創造性に関して負の影響があることも示唆されている（Schweisfurth, 2017）。

しかし、本研究では企業内に所属する従業員であることによって生じる正の側面に焦点を当てた。企業内に所属し得られる経験や知識は、当然ながら企業外のユーザーでは得られないからである。特に顧客接点を持ち、顧客ニーズを把握する小売店舗販売員リードユーザーを活用し、新製品開発でイノベーションを起こすことは市場で勢いを増す製造小売業にとって重要なことである。

研究結果から、アイデアの高い新規性の評価には高いリードユーザーネスと高い先行型顧客志向の組み合わせ、アイデアの高い有用性の評価にはリードユーザーネスと高い先行型顧客志向または高い反応型顧客志向の組み合わせが有効であることが明らかになった。つまり、新製品開発において、リードユーザーネスが高く、顧客志向を持ち合わせた小売店舗販売員を活用することが重要であると考えられる。特に先行型顧客志向は、顧客情報の収集と関連しているため（Day, 1994; Narver & Slater, 1990）、小売店舗販売員リードユーザーが新製品開発で魅力的なイノベーションを起こすための重要な要素であるといえる。企業の新製品開発において、リードユーザーの先進性の高い自身のニーズと、小売店舗販売員として通常業務である接客から収集した潜在顧客や顧客の潜在的なニーズを織り交ぜながら創造されるアイデアを活用することが必要である。

5-2　理論的貢献

本研究の理論的貢献として、以下の2点が挙げられる。第一に、小売店舗販売員リードユーザーの新製品アイデア評価に影響を及ぼす要因を明示した点である。企業内リードユーザー研究において、リードユーザーの特徴が新製品のアイデアの質に正の影響を与えることが明らかになっている（Schweisfurth, 2017）が、従業員としての特徴がどのような影響を及ぼすかは明らかになっておらず、本研究ではリードユーザーの特徴に加えて、小売店舗販売員の特徴として顧客志向に着目し、新製品のアイデアの質に影響を及ぼす組み合わせを明示した。既存の研究においては、企業内リードユーザーのリードユーザーとしての特徴であるリードユーザーネスのみに着目したものが多く、企業に所属する従業員の特徴を掘り下げたものが少ない。リードユーザーが企業内に存在し、

通常の職務を通じて得られる知見を活かして魅力的なイノベーションに貢献すること、すなわち企業内リードユーザー研究における従業員の役割を明示し、企業内リードユーザー研究を拡張したことは本研究の大きな貢献である。

第二に、ユーザーイノベーションの潮流である企業内リードユーザー研究と、マーケティングにおける市場志向及び顧客志向に関する研究を接続したことである。市場志向や顧客志向は、組織レベルと個人レベルの2軸で捉えることが可能であるが（Siguaw et al., 1994）、本研究は小売業の店舗販売員に着目していることから、組織戦略や組織文化を実際に体現する従業員を個人レベルで捉え、顧客志向を小売店舗販売員リードユーザーの創造性やイノベーションに影響を及ぼす要素として提示した。ユーザーイノベーション研究におけるリードユーザーは、自身がユーザーであることから、自身のニーズに対するソリューションの提案であるが、企業に所属する企業内リードユーザーの「企業内」における意識や志向をアイデアの質に影響を及ぼす要因として示唆したことは意義があることである。

5-3 実務的貢献

実務的貢献として、以下の2点を挙げる。

まず、企業が社内に存在する小売店舗販売員リードユーザーの活用を促進することである。企業がリードユーザーを活用し、製品成果を得るためには市場性の高い製品を開発することが重要である（Narver et al., 2004）。ユーザーニーズの異質性が高い場合に、メーカーではなくユーザーのイノベーションが有効である（von Hippel, 1998）とされるが、企業が求めるイノベーションにおいては一定程度の市場性が必要となる。市場性の高い製品は、多数の顧客ニーズに対応している必要があり、その大多数の顧客ニーズを認識している小売店舗販売員の知見を活用することが必要である。本研究では、第4章で述べた個人要因であるリードユーザー特性と、顧客要因である顧客ニーズの認識としての先行型顧客志向や反応型顧客志向の組み合わせが新製品開発のアイデア評価に重要であることを示唆し、小売店舗販売員リードユーザー活用の指針を示したことは大きな貢献である。

次に、小売店舗販売員リードユーザーのアイデア評価に影響を及ぼす要因を

明らかにすることで、実際の企業が自社に存在するリードユーザーの選別に対する指針を示したことである。実際に企業で自社のリードユーザーを活用する際も、新製品開発のコストの側面と製品成果の側面から、誰を選抜し、巻き込むかが重要になる。なぜなら、リードユーザーの探索にはコストと労力がかかるからである。そのため企業外のリードユーザー探索の際も、専門性の高い人材を数珠繋ぎで探索していくピラミッディングという手法が用いられ、リードユーザー探索の効率性を高め、労力を引き下げることが行われる（von Hippel et al., 2009）。企業外、企業内を問わずリードユーザーの探索が重要であることから、そのアイデア評価に影響を及ぼす要因を提示したことによって、企業が自社に存在し探索のしやすい企業内リードユーザーを活用する企業内リードユーザー法の導入に積極的になると考えられ、実務的な貢献が大きいといえる。

5-4 本研究の課題

本研究には、次の2つの課題を抱えている。

まず、本研究が単一事例でのデータによるものであることが挙げられる。実際の企業で行われている小売店舗販売員リードユーザーを活用した新製品開発の貴重なデータを入手でき、そのデータを用いて小売店舗販売員の新製品アイデア評価に対する要因の組み合わせを提示したが、この組み合わせ結果に対する更なる研究の蓄積が必要である。命題3と4に関してアパレル小売業の事例であるがゆえに、命題が支持されなかったことも考えられるため、単一企業の事例にとどまらず、異なる業界のデータや同じ業界でも異なる企業のデータを用いて改めて検証することで、研究の妥当性や信頼性を確保していくことが必要である。

次に、他の原因条件に対する更なる検証が必要である。研究結果から小売店舗販売員リードユーザーのアイデア評価に影響を及ぼす要因として、リードユーザーネスや顧客志向以外の要因がさらに多数存在すると考えられ、その要因も織り込んで再度検証をする必要があると考えている。特に、アイデア評価の高い原因条件に関して、状況要因としての組織風土やインセンティブ（Shalley et al., 2004）など、アイデア評価の低い原因条件として新製品開発における時間的な制約や、販売目標の存在という制約（Shalley et al., 2004）などの

考慮すべき原因条件が残されている。これらの考慮すべき原因条件を組み込んで、多様な組み合わせを考察していくことが今後の研究に求められる。

6. 資　料

6-1　質問項目一覧（結果）

		Mean	SD
新規性	1　競合他社と比較して、この新製品アイデアは、本当に常識を超えている。	4.17	1.37
	2　競合他社と比較して、この新製品アイデアは、革命的といえる。	4.19	1.35
	3　競合他社と比較して、この新製品アイデアは、刺激的である。	4.38	1.22
	4　競合他社と比較して、この新製品アイデアは、この業界では一般的ではない。	3.99	1.35
	5　競合他社と比較して、この新製品アイデアは、業界の規範との根本的な違いを提供している。	4.11	1.28
	6　競合他社と比較して、この新製品アイデアは、独創的な問題解決方法を示している。	3.78	1.07
有用性	1　競合他社と比較して、この新製品アイデアは、顧客のニーズと期待に関連している。	4.06	0.97
	2　競合他社と比較して、この新製品アイデアは、顧客の欲求に応えている。	3.96	1.00
	3　競合他社と比較して、この新製品アイデアは、顧客のニーズや期待に適合している。	3.74	0.98
	4　競合他社と比較して、この新製品アイデアは、顧客にとって有用である。	3.85	0.89

6-2　質問項目一覧（原因条件）

		Mean	SD
先進性	1　私は普段、ファッションの情報を他の人より早く見つけています。	5.52	0.89
	2　私はファッションの分野では「先端」にいると思われています。	4.90	1.21

第5章　小売店舗販売員リードユーザー発案製品のアイデア評価に影響を与える要因　131

	3	私は、ファッションの総合的な知識を持っている。	5.31	0.81
	4	私は、他の人よりファッショントレンドを取り入れるのが早い。	5.34	0.93
高便益期待	1	市販のファッションアイテムでは解決できない問題に直面することが多いです。	4.60	1.53
	2	市販のファッションアイテムの一部に不満があります。	4.67	1.57
	3	私のファッションでは、従来のメーカーが提供しているものでは解決できない問題が既に発生しています。	4.23	1.60
	4	私の考えでは、販売中のファッションアイテムにはまだ満足できない問題があります	5.07	1.15
	5	現在、市販されている商品では満たされないファッションに関連するニーズがあります。	5.25	1.24
	6	ファッションアイテムの一部で、洗練されていないことにイライラすることがあります。	4.68	1.24
先行型顧客志向	1	私は、お客様がファッションで新しい気づきを得る手助けをします。	6.13	0.74
	2	私は、お客様が気づいていない新たなニーズを常に発見しようとしている。	6.01	0.87
	3	私は、新しい製品やサービスの中に、まだ表出していないお客様のニーズに対する解決策を取り入れます。	5.48	1.01
	4	私は、お客様が私たちの製品をどのように使っているか、考えています。	5.93	0.84
	5	【削除】私は、既存商品が売れなくなるリスクを冒してでも、新製品を提案したい。	4.94	1.19
	6	私は、お客様のニーズが表れていない商品の可能性を探っています。	5.24	1.33
	7	私は、リード・ユーザー（ファッション領域での先端的な消費者）と密接に連携し、市場の大多数が認識する数ヶ月、数年前にお客様のニーズを認識しようとする。	3.81	1.34
	8	【削除】私は、現在の市場のユーザーが将来何を必要とするかを知るために、主要なトレンドを推定しています。	5.18	1.03
反応型顧客志向	1	私は、お客様のニーズに応えるために、常に自分がどのような姿勢で取り組んでいるかを考えています。	5.75	1.11
	2	【削除】私は、お客様に関する情報を、商品部や様々な部門に伝えています。	5.33	0.99
	3	私の販売戦略は、お客様のニーズを理解することに基づいています。	5.89	1.00

	4	【削除】私は、顧客満足度を意識しています。	6.30	0.76
	5	私は、競合他社よりもお客様を重視しています。	5.84	0.96
	6	私は、自分の仕事は、お客様に価値を提供するために存在すると考えています。	6.13	0.79
	7	【削除】私は、顧客満足度に関するデータを、定期的に確認しています。	3.99	1.29
技術的専門知識	1	私は、自分でファッションの製品開発ができる。	4.24	1.70
	2	私は、ファッションの製品開発において素材、技術革新、可能性について常に最新の情報を得るように心がけている。	4.62	1.49
	3	私は、手先が器用で、ファッション製品を手作りするのが好きだ。	4.53	2.05
	4	私は、ファッションを自分で技術的に変更することができる。	3.79	2.07
	5	私は、ファッションの技術的な側面に大変興味がある。	5.84	1.28
	6	私は、ファッションの製品開発に関して技術的なバックグラウンドがある。	3.59	2.13

第6章

小売店舗販売員リードユーザー発案
製品のパフォーマンス評価[1]

1. 本章の概要

　本章では、小売店舗販売員リードユーザーのアイデアを実際に製品化した際に、市場での高いパフォーマンスにつながるのであろうか？　に答える。

　新製品開発の基本は消費者のニーズを認識し、ソリューションを提案することである。ニーズ情報はその問題に直面し認識しているユーザーに存在し、一方でソリューションの情報は企業側に多く存在している傾向がある（Ogawa, 1998; von Hippel, 1998）。そのため、企業はユーザーに存在するニーズ情報を市場調査など様々な手法で取得しようと努めてきた（小川, 2013）。

　伝統的製品開発では平均的、または代表的なユーザーを対象としてニーズ情報を探る（小川, 2013）。製品寿命が短く、変化の激しい市場において平均的、代表的なユーザーのニーズを探り、そのソリューションを考案するプロセスでは、製品が市場に投入される時点ですでにユーザーのニーズが変化し、その変化に対応できていない現状がある。

　一方で、ニーズ情報を持つユーザーを製品開発や製品改良に巻き込み、ユーザーと企業での共創により、成果を出している企業が存在することが、これまでの先行研究で明らかになっている（Lilien et al., 2002; von Hippel et al., 1999; 清水, 2019）。これらは、ユーザーを活用した共創による製品開発と位置付けられる。1970年代にメーカーのみがイノベーションを行うとされてきたイノベーション研究において、ユーザーがイノベーションの担い手になる事例が発見され（von Hippel, 1976）、その後多数の研究が蓄積されてきた（Franke & Shah, 2003; Franke et al., 2006）。ユーザー側に存在するニーズとユーザー自らが考案するソリューション情報を、企業側が活用することにより、製品開発において情報の粘着性と定義される情報の取得移転コストを軽微にすることが可能とされている（von Hippel, 1994）。一方では、ユーザーとの共創において様々な研究蓄積がなされているが、企業外の人材の知見を活用する手法であるがゆえに、実務面での活用が一部に限定されている現状がある（Brem et al., 2018）。また、学術的には企業内リードユーザーの中でも顧客ニーズを認識している小売店舗販売員リードユーザーの製品成果に着目した研究が管見の限り存在しない。さ

らに製品成果において、アイデア評価だけではなく実際の市場でどのようなパフォーマンスをするかが明らかになっていない。その理由は、実務における市場データの取得が難しいためであると考えられる。

そのため、本研究では実際の売上データを用いて、小売店舗販売員リードユーザーを活用し、共創により開発された製品の実際の市場でのパフォーマンスを明らかにし、小売店舗販売員リードユーザー活用の有効性を述べる。

２．先行研究レビューと仮説構築

本節では、小売店舗販売員リードユーザーのアイデアを実際に製品化した際に、市場での高いパフォーマンスにつながるのであろうか？に答えるために、企業がリードユーザーを活用した製品開発に関する先行研究を改めて確認する。

2-1　リードユーザーを活用した製品開発とその課題

イノベーションの担い手となるユーザーを表す特徴として「リードユーザー」という概念の定義がなされている（von Hippel, 1986）。「リードユーザー」は、先進性と高便益期待という２つの特徴を持ったユーザーを指す。先進性とはニーズに関連したトレンドの最前線にいることであり、高便益期待はそれらのニーズを解決することで比較的高い便益が得られると考えていることである（von Hippel, 1986）。すなわち、市場で他のユーザーがその後に経験する問題に先んじて直面し、それらのソリューション情報によって個人的な便益を得ることである。この先進性と高便益期待はリードユーザーネスとして尺度化されている（Franke et al., 2006; 本條, 2016）。

その企業外に存在するリードユーザーを企業が活用する手法は２つに分類される（Brem et al., 2018）。第一に、企業が既存のリードユーザーのイノベーションを探索し、そのイノベーションを自社に移植したり、企業外のリードユーザーが自ら起業するなど、すでに企業外に存在するイノベーションを商業化する手法である（Baldwin et al., 2006; Brem et al., 2018）。企業外で起きているリードユーザーのイノベーションは偶発的であることから、実際に企業が主体となり活用していくことは、難易度が高い手法であると考えられる。

第二に、企業がリードユーザーを特定し、目的に対する新しい製品コンセプトやアイデアを開発するためのワークショップを実施し、リードユーザーを製品開発プロセスに組み込む手法である（Brem et al., 2018）。この手法は、リードユーザー法として多数の事例が報告されている（Kratzer, Lettle, Franke, & Gloor, 2016; Lilien et al., 2002; Olson & Bakke, 2001; Urban & von Hippel, 1988）。そのリードユーザー法は、まずプロジェクトチームを発足した後に、リードユーザーを活用した製品開発における目標を設定し、ターゲットとする市場を定める。次に、その市場の動向や技術動向を把握し、その分野の専門性の高い人を数珠繋ぎで探索していく手法であるピラミッディングでリードユーザーを探索する。そして、特定したリードユーザーを招待した後に、ワークショップを実施し、そのワークショップで生み出した製品やサービスのコンセプトを評価するという流れである（Brem et al., 2018; Lilien et al., 2002）。

　リードユーザー法で開発された製品やサービスは、商業的にも有益なイノベーションを生み出す傾向がある（Lilien et al., 2002; Lüthje & Herstatt, 2004）。代表的な研究として、Lilien et al. (2002) は、リードユーザー法と通常の製品開発を比較した場合、リードユーザー法で開発された製品のアイデアが、5年後の売上予測で約8倍高いことを明らかにしている。また他の研究では、リードユーザーの特徴であるリードユーザーネスの先進性の高さはイノベーションの可能性と市場性、高便益期待の高さはイノベーションの可能性に正の影響を与えることが明らかになっている（Franke et al., 2006）。

　リードユーザーを活用した製品開発は一定の成果が出ているが、一方では企業がリードユーザーを活用することは以下の3つの理由で難しい側面がある。

　第一に、企業が企業外に存在するリードユーザーを発見することの難易度が高いことが挙げられる（Lüthje et al., 2005）。企業が通常のユーザーの中から専門性の高いリードユーザーを見極める機会が存在しない、または見極める機会に対するコストやかかる時間などから、通常の製品開発プロセスに組み込むことは難しいと考えられるために積極的な活用につながらない。

　第二に、仮にリードユーザーを見つけたとしてもそのリードユーザーが繰り返しイノベーションにつながるアイデアを出す可能性は低い（小川, 2013）。コストと時間をかけて見つけたリードユーザーが定期的にイノベーションにつな

がるアイデアを出せないのであれば通常の製品開発プロセスには組み込めない。

　最後に、ユーザー側のアイデアはあくまで個人的な問題解決のためのものであり、企業側が市場を意識してアイデアを探索するものとは適合しないことがある。ユーザーがアイデアを積極的には共有しない（De Jong et al., 2015）、ユーザーがその企業では様々な理由で実現できないアイデアを出す傾向がある（Poetz & Schreier, 2012）などの課題も存在する。また企業側もユーザーイノベーションによるアイデアを過小評価する傾向がある（Bradonjic, Franke & Lüthje, 2019）。

　リードユーザーの探索とその継続性における難易度の高さや、そのアイデアの企業での適合性の問題、企業のユーザーイノベーションへの過小評価により、企業が積極的に継続採用しづらい側面があると考えられる。

2-2　企業内リードユーザーを活用した新製品開発

　企業外のリードユーザーを企業が取り込み、活用することが難しい一方で、企業内にもリードユーザーが存在する。企業内リードユーザーは企業内に組み込まれたリードユーザー（Embedded Lead Users）、すなわち社員であると同時に、自社が提供する製品やサービスのカテゴリーにおけるリードユーザーである（Herstatt et al., 2016; Schweisfurth & Herstatt, 2015; Schweisfurth & Raasch, 2015）。スポーツ用品業界（Hyysalo, 2009; 清水, 2019）、レジャー用品業界、ヘルスケア産業（Schweisfurth & Herstatt, 2016）などの業種でその企業の製品やサービスを愛用する企業内リードユーザーが存在する（Schweisfurth & Herstatt, 2016）。

　企業内リードユーザー発案製品の製品成果として、Schweisfurth（2017）は家電製品を対象に企業内外において新製品アイデア評価に対するリードユーザーネスの影響を重回帰分析によって調査した。企業内リードユーザーや通常の従業員は家電メーカーの従業員を対象とし、企業外のリードユーザーや通常のユーザーに関しては大学生を対象としている。結果として、企業内リードユーザーのアイデアは、通常の従業員や通常のユーザーのアイデアよりも独創性、ユーザー価値、そして市場性において価値が高く、企業外のリードユーザーのアイデアと比較すると、市場性において差はないが、独創性とユーザー

価値では価値が低いことが明らかになった（Schweisfurth, 2017）。さらに、企業内リードユーザーのアイデア評価が、企業外リードユーザーのアイデア評価よりも低い理由に関して追加調査を行い、組織のルールや過去に不採用となったアイデアの認知などにより、企業に所属していることで創造性を阻害する可能性も示唆している（Schweisfurth, 2017）。

　さらに、アイデア評価だけでなく、企業内リードユーザーの新製品アイデアの実装と普及に関して、電子機器製造会社の企業内リードユーザーをサンプルとして検証を行った研究も存在する（Schweisfurth & Dharmawan, 2019）。電子機器製造会社のアイデア管理システムのデータから、提案されたアイデアの数、提案されたアイデアの実装された数、提案されたアイデアの他の製品ラインに広まった数を従属変数として、リードユーザーネスの高さとの関係性を分析した。結果として、企業内リードユーザーからのアイデアは通常の従業員のアイデアと比較して、実装される可能性が2倍以上高く、普及する可能性が3倍以上高いことが明らかになっている（Schweisfurth & Dharmawan, 2019）。つまり、アイデアの評価が高いだけでなく、製品化され企業の業績に貢献する可能性が高いということである。

　その企業内リードユーザーを活用する上で、製品開発においてはターゲットとする顧客のニーズを認識している小売店舗販売員の知見を活用することは重要である。なぜなら、企業が新製品開発において、市場で高いパフォーマンスを得るためには、一定程度のマーケットボリュームが必要であり、そのマーケットボリュームに対応するためには新製品開発の開発リードタイムを加味した上で、半歩から一歩先の提案が必要であると考えられるからである。

　小売店舗販売員リードユーザーは、企業内に存在するためにアクセスしやすく、リードユーザーとして後に多数のユーザーが経験するニーズの情報を認識しながら、顧客のニーズ情報を積極的に取得し、同時に企業内に存在することが多いソリューション情報も有効に活用できる（Schweisfurth, 2017）。先行研究において、企業内リードユーザーのアイデアは、通常の従業員やユーザーのアイデアよりも独創性、ユーザー価値、そして市場性において価値が高いことが明らかになっているが（Schweisfurth, 2017）、同様に小売店舗販売員リードユーザーが発案し、実際に製品化された製品においても市場でのパフォーマン

スが高い、すなわち小売店舗販売員リードユーザーの特徴であり、先進性と高便益期待からなるリードユーザーネスの高さが、アイデア評価と製品パフォーマンスにプラスの影響を与えると考えられる。以上から、下記の仮説を提示する。

H1-1　企業内リードユーザー発案製品において、発案者のリードユーザーネスの高さが市場での製品パフォーマンスに正の影響を与える。

H1-2　企業内リードユーザー発案製品において、発案者のリードユーザーネスの高さが新規性に正の影響を与える。

H1-3　企業内リードユーザー発案製品において、発案者のリードユーザーネスの高さが戦略的重要性に正の影響を与える。

2-3　共創による新製品開発

　リードユーザーの特徴であるリードユーザーネスの高い人材は、企画開発職と企画開発を職務としていない人材の双方に存在し、企業内には職種を問わず自社の製品やサービスを愛用する企業内リードユーザーが存在する (Schweisfurth & Raasch, 2015)。企画開発職でなくとも、企業内リードユーザーはリードユーザーの特徴である先進性を活かし、自身のニーズをもとにアイデアを発案することで、パフォーマンスの高い製品の発案が可能となる (Franke et al., 2006)。その企画開発職ではない企業内リードユーザーが発案したアイデアを具現化し、製品化していく開発プロセスにおいては、企画開発職との共創となる (Schweisfurth & Herstatt, 2016)。

　共創は、アイデア発案者と共同開発者の協力、インタラクティブなコミュニケーションを通じ (Jensen, Hienerth, & Lettl, 2014)、発案者のアイデアに共同開発者が知識を補強、補完することで、イノベーションに有効である (von Hippel, 2005; Zhu et al., 2017)。さらに、多様な個人の知識にアクセスでき、その多様な知識を活用することで、商業的に魅力のある製品開発につながる (Grewal, Lilien, & Mallapragada, 2006)。本研究の研究対象である小売店舗販売

員リードユーザーを活用した新製品開発においても、小売店舗販売員リードユーザーはリードユーザーとしての高い先進性を持ち、通常業務の接客における顧客とのインタラクティブなやり取りにより顧客の潜在ニーズを認識している。一方では、そのニーズに対するソリューションとしてアイデアを具現化するための開発プロセスにおいて、素材、デザイン、仕様などの技術的な専門知識は企画開発職からサポートを受け共創を行う必要がある。その共創の際の知識やアイデアの双方向でのやり取りから、新しい知識や洞察が生み出され、魅力的なイノベーションにつながる (Kratzer, Leenders, & Engelen, 2004)。つまり、企画開発職ではない小売店舗販売員リードユーザー発案製品において、企画開発職との共創による製品が、企画開発職の企業内リードユーザーのみで開発された製品よりも市場でのパフォーマンスやアイデア評価が高いと考えられる。以上から、次の仮説を提示する。

H2-1　企業内リードユーザー発案製品において、小売店舗販売員と企画開発職の共創により開発された製品は、企画開発職単独で開発された製品よりも、市場でのパフォーマンスが高い。

H2-2　企業内リードユーザー発案製品において、小売店舗販売員と企画開発職の共創により開発された製品は、企画開発職単独で開発された製品よりも、新規性が高い。

H2-3　企業内リードユーザー発案製品において、小売店舗販売員と企画開発職の共創により開発された製品は、企画開発職単独で開発された製品よりも、戦略的重要性が高い。

図表6-1　仮説構築の図式化

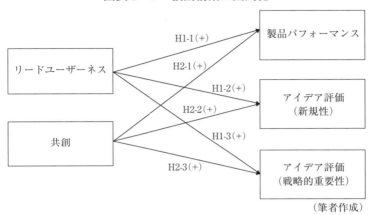

(筆者作成)

3．研究方法

本節では、研究方法について述べる。まず、研究対象などの調査概要を述べ、次に、分析に用いる変数を記述する。

3-1　調査概要

研究対象は、グリーンレーベルリラクシングにて、2019年に行われた店舗販売員のアイデアを新製品開発に組み込む取り組みである。店舗に所属するファッショントレンドを掴むのが早く、ファッション知識が豊富であり、ファッションセンスが良い店舗販売員13名（男性7名、女性6名）がプロジェクトメンバーとして販売マネージャーにより選抜され、製品開発プロセス内に組み込まれ実際に製品化を行う取り組みである。この共創の取り組みで2019年の夏用としてプロジェクトに参加した販売員6名のアイデアが採用され、10品番が開発された。男性用製品で6月に3品番（半袖カットソー）、7月に2品番（半袖カットソー）、女性用製品として6月に3品番（半袖カットソー）、7月に2品番（スカート、ワンピースで1品番ずつ）がこのプロジェクトで開発された製品の内訳である。具体的なアイデアとして以下のような製品がある。

男性用では大人が着てカッコいいウール混のカットソー（通常ではウールは秋冬の素材であるが、あえて夏用の製品に採用）、裏表のリバーシブルで着用できるTシャツ、清涼感のある素材を用いた着用感の涼しいTシャツなどであり、女性用ではシンプルだが着心地にこだわってシルエットに特徴のあるTシャツ、1枚で2通りの着方が楽しめるカットソーなどがある。

　分析に先立って行った製品開発部門の責任者及びプロジェクトの責任者のインタビューでは、製品開発プロセスにおいて、共創プロジェクトはアイデアがプロジェクトメンバーである店舗販売員が発案しデザイナーと共創したこと、通常の製品開発はデザイナーが発案し自らがデザインしたこと以外は異ならないことが明らかになっている。さらに、製品化への採用基準も通常の製品開発とプロジェクトでは差はなく、売上予測を実施した上で、同じプロセスで採用の判断を行ったこともインタビューで明らかになっている。

　分析対象であるプロジェクトに参加した店舗販売員6名と比較対象製品の担当デザイナー9名のリードユーザーとしての資質を測るために分析を実施した。リードユーザーを測る尺度であるリードユーザーネスを先行研究（Schweisfurth, 2017）を参考に、先進性は3項目（Faullant et al., 2012）、高便益期待は6項目（Franke et al., 2006）、リッカート7点尺度（1＝全く当てはまらない、7＝とても当てはまる）を用いて測定した（図表6-2）。なお、先進性、高便益期待ともに著者が日本語に翻訳した質問項目を、英語ネイティブレベルの第三者に英語への翻訳を依頼し、翻訳の正確性についての確認を行った。このプロジェクトに参加している販売員6名、参加していない販売員659名、デザイナー15名、その他の職種57名（生産管理、マーチャンダイザー）の計737名から274名（プロジェクト参加販売員6名、参加していない販売員216名、デザイナー11名、その他の職種41名）の回答を得た。回答率は37.2％で一般的な回答率であった。まず、構成概念となるリードユーザーネスの質問9項目の変数に対して、探索的因子分析（最尤法、プロマックス回転）を行った。因子負荷量0.40以上、共通性0.40以上として各項目を調べ、「ファッションアイテムの一部で、洗練されていないことにイライラすることがあります」が基準を満たさなかったため、削除した。再度、同様の分析を行い、2つの因子（先進性と高便益期待）にまとめた。因子負荷量、共通性の基準を0.40以上とし、各項目を調べたところ十

図表6-2 リードユーザーネス構成概念測定項目

構成概念	項　目	Mean	SD
先進性	私は普段、ファッションの情報を他の人より早く見つけています。	4.88	1.18
	私はファッションの分野では「先端」にいると思われています。	4.18	1.27
	私はファッションを知り尽くしています。	3.88	1.32
高便益期待	市販のファッションアイテムでは解決できない問題に直面することが多いです。	4.19	1.52
	市販のファッションアイテムの一部に不満があります。	4.63	1.39
	私のファッションでは、従来のメーカーが提供しているものでは解決できない問題が既に発生しています。	3.95	1.50
	私の考えでは、販売中のファッションアイテムにはまだ満足できない問題があります。	4.55	1.43
	現在、市販されている商品では満たされないファッションに関連するニーズがあります。	4.48	1.36
	ファッションアイテムの一部で、洗練されていないことにイライラすることがあります。	4.05	1.62

(筆者作成)

分に数値を満たし、累積因子寄与率も0.50％を超えていた（**図表6-3**）。次に、一次元性については確認的因子分析を行ったところ、おおむね良好な適合度（GFI＝0.95、AGFI＝0.91、CFI＝0.97、RMSEA＝0.09）が得られた。構成概念の信頼性に関してクロンバックα係数は、先進性0.85、高便益期待0.89と、基準値の0.70を超えていた（Nunnally, 1978）。CR（Composite Reliability、合成信頼性）も先進性0.85、高便益期待0.89と0.60以上であり、信頼性は満足できる値を示している（Bagozzi & Yi, 1988）。続いて、構成概念の妥当性を確認する。妥当性は、まず全ての標準化係数（因子負荷量）が有意であり、0.50を超えている。次に、AVE（Average Variance Extracted、平均分散抽出）が先進性0.65、高便益期待0.62と基準値の0.50以上であり、収束妥当性も確認できた（Hair et al., 2010）。先進性と高便益期待の弁別妥当性に関しても、それぞれの構成概念のAVEが、構成概念間の相関係数の平方を上回っており、確認できた（Fornell & Larcker, 1981）。**図表6-4**と**6-5**に確認的因子分析の結果を記載した。なお、

図表6-3 探索的因子分析

構成概念	項目			共通性
先進性	私は普段、ファッションの情報を他の人より早く見つけています。	0.82	0.01	0.68
	私はファッションの分野では「先端」にいると思われています。	0.81	0.05	0.68
	私はファッションを知り尽くしています。	0.79	−0.05	0.60
高便益期待	私のファッションでは、従来のメーカーが提供しているものでは解決できない問題が既に発生しています。	0.03	0.84	0.72
	市販のファッションアイテムの一部に不満があります。	−0.00	0.83	0.68
	私の考えでは、販売中のファッションアイテムにはまだ満足できない問題があります。	−0.03	0.80	0.62
	市販のファッションアイテムでは解決できない問題に直面することが多いです。	−0.02	0.74	0.53
	現在、市販されている商品では満たされないファッションに関連するニーズがあります。	0.04	0.73	0.56

（筆者作成）

本研究の統計分析にはR version4.2.1ソフトウエアパッケージを使用した。

プロジェクトに参加した店舗販売員、比較対象製品の担当デザイナーの計15名（=LU）のリードユーザーネスとその他のアンケート対象者259名（=NOT LU）のリードユーザーネスの差をみるためにt検定を実施した。プロジェクトに参加した店舗販売員と比較対象製品の担当デザイナーのリードユーザーネスがその他のアンケート対象者のリードユーザーネスを上回る結果（LU=5.033、NOT LU=4.296、$p<0.001$）となった。よって今回の分析対象者であるプロジェクトに参加した店舗販売員、比較対象製品の担当デザイナーともに企業内リードユーザーの資質があると考えられる。

第6章　小売店舗販売員リードユーザー発案製品のパフォーマンス評価　145

図表6-4　構成概念の妥当性と信頼性

構成概念	n	Mean	SD	信頼性α	CR	AVE
先進性	274	4.31	1.10	0.85	0.85	0.65
高便益期待	274	4.36	1.20	0.89	0.89	0.62

(筆者作成)

図表6-5　確認的因子分析

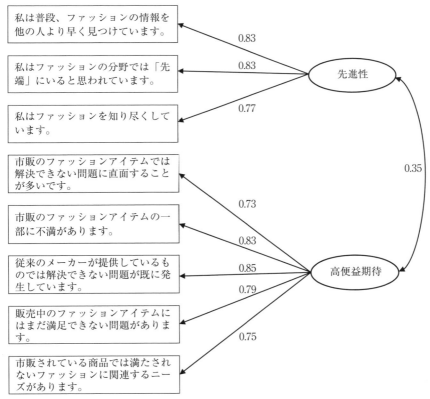

※ χ^2=58.69, df=19, p<.001, GFI=0.95, AGFI=0.91, CFI=0.97, RMSEA=0.09, 誤差変数は省略、数字は標準化係数と相関係数、全ての係数は1％水準で有意

(筆者作成)

3-2 変数
3-2-1 従属変数

従属変数は、今回のプロジェクトにより販売員と共創で開発された製品10品番と通常の開発プロセスである企画開発職単独で開発された製品として同期間に販売された同カテゴリー、同アイテムの新製品206品番の売上実績データから、定価販売の売上数量、売上金額を用いた。全店舗展開されている条件として発注数量1,000枚以下は除外とし、販売チャネルは実店舗、ECサイトの全てを対象とした。販売期間で差が出ないこと、欠品の影響を排除することを目的に販売スタートから4週間の平均値とした。またカテゴリー、販売時期での差を排除するために、品番毎の売上を当該販売期間4週間のカテゴリー全体売上で除した比率とした。

市場でのパフォーマンスデータに加えて、新製品のアイデアの評価に関しても調査を行った。製品開発部門の責任者と担当者の計4名（男性用製品の責任者と担当者の2名、女性用製品の責任者と担当者の2名）に該当製品の全てを新規性で2項目（競合製品と比較して新奇性が高い、顧客のニーズに基づいた新規性が高い）、戦略的重要性で2項目（先々も戦略的に重要である、新しい製品ラインにつながる可能性がある）を10点尺度（1=低い、10=高い）で評価するよう依頼した（Lilien et al., 2002; Nishikawa et al., 2013）。2つの新規性の測定値に高い相関があったため（$r=0.78$, $p<0.001$）、2つの測定値を平均して新たに新規性の指標とした。戦略的重要性の2つの測定値に関しても高い相関があったため（$r=0.83$, $p<0.001$）、平均して戦略的重要性という1つの指標にまとめた。

3-2-2 独立変数

独立変数は、リードユーザーネスと開発手法である。リードユーザーネスは調査概要に記載の通りである。開発手法は、通常のプロセスである企画開発職単独とプロジェクトによりアイデア発案を行った販売員との共創開発をダミー変数（0=企画開発職単独、1=共創）として使用した。コントロール変数として、年齢（実数値）と性別（0=女性、1=男性）の二変数を用いた。**図表6-6**に、この分析における記述統計量と相関係数を記した。多重共線性に関

図表6-6　記述統計量と相関係数

		n	Mean	SD	1	2	3	4	5	6	7	8
1	売上数量	216	0.19	0.19	-							
2	売上金額	216	0.19	0.19	0.90***	-						
3	新規性	216	5.60	1.65	0.05	0.16*	-					
4	戦略的重要性	216	5.67	1.83	0.12†	0.19**	0.84***	-				
5	リードユーザーネス	216	5.02	0.40	0.10	0.23***	0.33***	0.30***	-			
6	開発手法	216	0.05	0.21	0.49***	0.42***	0.24***	0.23***	-0.11	-		
7	年齢	216	32.52	4.87	0.14*	0.07	-0.08	0.00	0.27***	0.09	-	
8	性別	216	0.24	0.43	0.18**	-0.02	-0.22**	-0.19**	-0.04	0.13**	0.74***	-

† : $p < 0.1$, * : $p < 0.05$, ** : $p < 0.01$, *** : $p < 0.001$

(筆者作成)

する懸念は記されていない。

4．研究結果

　本節では、研究結果を述べる。リードユーザーネスと開発手法に関して、実際の販売データとアイデア評価を従属変数として重回帰分析を行った結果を記述する。

4-1　リードユーザーネスと製品パフォーマンス

　重回帰分析により、仮説1を検証する（**図表6-7**）。分析の結果、リードユーザーネスの高さが実際の販売データである売上数量（$b=0.090, p=0.005$）、売上金額（$b=0.129, p<0.001$）とアイデアの評価である新規性（$b=1.524, p<0.001$）、戦略的重要性（$b=1.304, p<0.001$）の全ての従属変数に対して、有意で正の関係であった。よって、仮説1は採択され、企業内リードユーザーの特徴であるリードユーザーネスの高さが、市場での製品パフォーマンスとアイデア評価に正の影響を与えることが明らかになった。すなわち、企業内リードユーザー発案製品のアイデア評価が高く、実際の市場におけるパフォーマンス

も高いといえる。

4-2　開発手法と製品パフォーマンス

重回帰分析で仮説2を検証する（**図表6-7**）。今回のプロジェクトで販売員のアイデアをもとに共創により開発された製品と、通常の企画プロセスである企画開発職単独で開発された製品の開発手法に関しては、共創で開発された製品が、実際の販売データである売上数量（$b=0.453, p<0.001$）、売上金額（$b=0.414, p<0.001$）とアイデアの評価である新規性（$b=2.395, p<0.001$）、戦略的重要性（$b=2.552, p<0.001$）の全てにおいて、有意で正の関係であった[2]。よって、企画開発職ではない企業内リードユーザーが発案し、共創により開発された製品は通常のプロセスである企画開発職単独で開発された製品よりも実際の市場でのパフォーマンスとアイデア評価が高いことが明らかになった。

仮説の支持、棄却をまとめると以下の通りであった：

⇨H1-1　企業内リードユーザー発案製品において、発案者のリードユーザーネスの高さが市場での製品パフォーマンスに正の影響を与える。──→支持

⇨H1-2　企業内リードユーザー発案製品において、発案者のリードユーザーネスの高さが新規性の評価に正の影響を与える。──→支持

⇨H1-3　企業内リードユーザー発案製品において、発案者のリードユーザーネスの高さが戦略的重要性の評価に正の影響を与える。──→支持

⇨H2-1　企業内リードユーザー発案製品において、小売店舗販売員と企画開発職の共創により開発された製品は、企画開発職単独で開発された製品よりも、市場でのパフォーマンスが高い。──→支持

⇨H2-2　企業内リードユーザー発案製品において、小売店舗販売員と企

画開発職の共創により開発された製品は、企画開発職単独で開発された製品よりも、新規性が高い。 ⟶ 支持

⇨**H2-3** 企業内リードユーザー発案製品において、小売店舗販売員と企画開発職の共創により開発された製品は、企画開発職単独で開発された製品よりも、戦略的重要性が高い。 ⟶ 支持

図表6-7　製品のパフォーマンス評価

	売上数量 b	売上数量 S.E.	売上数量 p	売上金額 b	売上金額 S.E.	売上金額 p	新規性 b	新規性 S.E.	新規性 p	戦略的重要性 b	戦略的重要性 S.E.	戦略的重要性 p
リードユーザーネス	0.09	0.03	0.01	0.13	0.03	0.00	1.52	0.28	0.00	1.30	0.32	0.00
開発手法（企画開発職単独=0、共創=1）	0.45	0.05	0.00	0.41	0.06	0.00	2.40	0.48	0.00	2.55	0.54	0.00
年齢	-0.00	0.00	0.38	0.00	0.00	0.76	-0.02	0.03	0.66	0.05	0.04	0.18
性別（女性=0、男性=1）	0.08	0.04	0.05	-0.04	0.04	0.35	-0.83	0.37	0.03	-1.37	0.42	0.00
Adjusted R^2		0.27			0.24			0.230			0.20	
n		216			216			216			216	

（筆者作成）

5．本章のまとめ

本節では、これまでの調査の考察を行う。そして、本研究の理論的貢献と実務的貢献を述べ、最後に本研究の課題を述べる。

5-1　考　察

本研究では、消費者ニーズの発見とソリューションへの提案が難しくなっている市場環境下において、これまで先行研究では明らかにされていない企業内におけるリードユーザーの有用性と企業内の企画開発職ではない小売店舗販売員が発案し、共創で開発された製品の実際の市場でのパフォーマンスを考察し

た。実際の企業で行われている小売店舗販売員リードユーザーを活用した新製品開発における売上データを活用して、企業内リードユーザーの貢献を明らかにしたことは学術的にも実務的にも価値の高いことである。

具体的には、仮説1で職種に関係なく企業内リードユーザーが発案した製品において、その企業内リードユーザーのリードユーザーネスの高さが、アイデア評価と実際の市場での製品パフォーマンスに正の影響を与えることを明らかにした。企画開発職であるかないかに関わらず、企業内にはリードユーザーが存在する（Schweisfurth & Herstatt, 2015）。その企業内リードユーザーはリードユーザーの特性である先進性により、大多数のユーザーが後に経験するニーズを前もって認識している（von Hippel, 1986）。その先進性が、実際にアイデアが製品化される場合に、企画生産リードタイムにより発生するニーズとの時間的なズレを回避することが可能になり、市場での高いパフォーマンスにつながると考えられる。また、もう1つの特性である高便益期待は、自身のニーズを解決することで高い便益を得られることを期待していることであり、イノベーションへの積極的な関与を促進する（Franke et al., 2006）。つまり、企業内においても自社で扱う製品領域において、自らが進んでそのニーズを解決したいという意思が製品の具現化への原動力となると考察される。

次に、仮説2では企業内の企画開発職ではない小売店舗販売員リードユーザーと企画開発職の共創により開発された製品が、通常の企画開発プロセスで

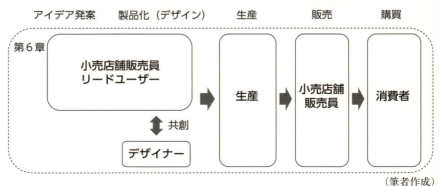

図表6-8　新製品開発プロセスと本章の研究範囲

(筆者作成)

ある企画開発職単独で開発された製品よりも、実際の市場で高いパフォーマンスをすることを明らかにした。企画開発職ではない企業内リードユーザーの活用が、価値の高い製品開発につながることは事実であるが、それはあくまでアイデア創出の段階であり、その後の製品の具現化に向けた様々な過程においては、企業内デザイナーやその他の専門的知識を持つ人材との共創が必要である。素材選定、製品のデザイン、製品仕様の決定など、専門知識が必要な過程は多数存在する。それらの過程における実務は、アイデアが企業内リードユーザーであろうとも、また伝統的製品開発であろうとも、同じように企業内のデザイナーや専門知識を持つ人材が行うことになる。小売店舗販売員リードユーザーを活用した製品開発においては、小売店舗販売員リードユーザーは製品アイデアの発案段階においてリードユーザーとしての特徴を発揮し、その後のプロセスにおいては専門知識を持つ人材との共創が重要であると考えられる。

5-2 理論的貢献

本研究の学術的貢献として、第一に、リードユーザー研究における小売店舗販売員リードユーザーに着目し、実際の市場におけるデータを用いて小売店舗販売員リードユーザーの製品成果を評価し、検証したことが挙げられる。これまで、先行研究では明らかにされてこなかった実際の市場でのパフォーマンスを、実際の企業の小売店舗販売員リードユーザーを活用して製品化され、販売された製品の売上データをもとに評価したことは、学術的に意義がある。既存研究では、企業内リードユーザーのアイデアが企業内の従業員やユーザーのアイデアよりも評価が高いことが明らかになっているが (Schweisfurth, 2017)、あくまでアイデア発案段階のアイデア評価によるものであり、実際の販売データを用いて最終的な消費者の評価を織り込んで分析した研究は存在しない。一般的に、市場でのパフォーマンスデータの入手は困難であり、その希少な市場のデータを活用した研究の価値は高いものであるといえる。

第二に、新製品開発において企画開発職ではない小売店舗販売員リードユーザーを活用した共創に関しての考察を行ったことである。共創は、アイデア発案者と共同開発者の双方向のコミュニケーションを通じて (Jensen et al., 2014)、発案者への知識を補強、補完し、多様な個人の知識を活用することが重要であ

る（Grewal et al., 2006）。過去のユーザーイノベーションにおける先行研究では、リードユーザー法にしてもクラウドソーシングにしても、あくまで企業外のユーザーを活用したイノベーションの成果のものであった。しかし、本研究は企業内のリードユーザー、中でも小売店舗販売員リードユーザーに着目して、小売店舗販売員リードユーザーと企画開発職との共創による新製品開発のイノベーションを実際の市場データや、そこに従事する従業員にヒアリングを行い考察したことは、ユーザーイノベーション研究だけではなく、新製品開発研究としても意義がある。

5-3 実務的貢献

　実務的な貢献として、まず企業内のリードユーザーを有効活用することによりイノベーションにつながる可能性があることを示したことが挙げられる。企業外のリードユーザーは探索に時間と労力がかかるが、企業内リードユーザーは企業内に存在するために容易にアクセスできる（Schweisfurth, 2017）。企業内のリードユーザーを探索する手法は多数あるが、例えば本研究の事例のような社内アイデアコンテストにより探索する方法や、マネージャーを中心とした従業員による推薦制度で発見する方法などが有効であると考えられる。さらに、企業内の従業員であるためにミーティングへの参加や、新製品へのフィードバックにおいても企画開発プロセスに組み込みやすく、アクセスした後のマネジメントも企業外の人材を活用するより、企業内の人材の活用の難易度は低い。コストの面でも自社の従業員の活用であることから、別途での費用が不要で容易に取り組みやすいことが挙げられる。また企業外のユーザーの活用におけるリスクである情報漏洩も回避でき（Schweisfurth, 2017）、リスクマネジメントという観点からも有効である。

　次に、企業内人材の活用として小売業の店舗販売員の知見を活用することが可能になるということである。小売業の店舗販売員のユーザーイノベーションが事例研究でも明らかになっている（清水, 2019）。その小売業の店舗販売員の知識は、職務経験から得られる暗黙知と消費者としてその店舗や製品の利用経験による暗黙知がある（横山, 2019）。この職務から得られる知識と自身の経験から得られる知識を小売業の店舗販売員は併せ持つことにより、イノベーショ

ンにつながる取り組みに参画が可能になると考えられる。今回の事例のように、特に接客を伴う小売業の店舗販売員は、消費者と接し消費者のニーズを定量的にも定性的にも認識している。オンラインでの販売の勢いが増し、実店舗の役割の見直しが行われていく中で、小売企業の実店舗で働く従業員が店舗での消費者との接点から得られる知識と、自らがユーザーとして得るニーズ知識を有効活用することで、製品開発や製品改良においても貢献することが可能であると考えられる。

5-4　本研究の課題

本研究には、いくつかの課題がある。

第一に、企業内リードユーザーのアイデアをもとにした製品に関して、継続的に成果があるものかどうかが分からないことである。小売店舗販売員リードユーザーであるプロジェクト参加者が、プロジェクトの初回であるがゆえに偶然良いアイデアを出した可能性や、以前から温めていたアイデアを出したなど、すなわち「一発屋」の可能性があることは否定できない（小川, 2013）。先行研究では、経験値やその企業に長く属することで、アイデアの新規性やユーザー価値にマイナスの影響を及ぼす可能性があることが示唆されている（Schweisfurth, 2017）。すなわち、継続して製品開発に関わることで価値の高いアイデアを継続して出すことが困難になる可能性がある。その影響の及ぼす可能性は、本研究では明らかにされておらず、企業内リードユーザーのアイデアをもとにした製品開発が、企業に仕組みとして組み込まれた上で、継続的にパフォーマンスの高い成果を出すことが可能かどうかを明らかにすることは今後の研究の課題である。

第二に、企業内リードユーザー発案製品と通常のプロセスで開発した製品の市場でのパフォーマンスが製品価値以外の部分の影響があることである。クラウドソーシングでは消費者と開発された製品の表示効果が明らかになっており（Nishikawa et al., 2017; 岡田, 2019）、製品価値だけでなく、その製品の開発プロセスが消費者の共感を生むことがある。企業内リードユーザーの事例ではオピニオンリーダーとして、発案した製品の普及に関しても影響を及ぼしていることが明らかになっており（Schweisfurth & Herstatt, 2015）、企業外への製品を積

極的に広めていく触媒としての機能やインフルエンサーとしての機能など、製品開発だけではない影響度を明らかにしていく必要がある。

　最後に、アパレル小売業以外の業種で企業内リードユーザー発案製品の市場でのパフォーマンスを評価することが必要である。製品寿命が短く、変化の激しいアパレル市場での評価を行うことで、企業内リードユーザー開発製品の成果は明らかになったが、アパレル市場以外の製品ライフサイクルが短い製品領域や、ライフサイクルが比較的長い製品領域での市場パフォーマンスの評価を行うことで実務的に様々な応用が可能になり、学術的に企業内リードユーザーのアイデア評価の妥当性が担保でき、一般的なものとして解釈することが可能となる。

[注]

1　本章の内容は以下の論文（投稿査読論文）を修正したものである。
渡邉裕也（2022b）.「企業内リードユーザー発案製品のパフォーマンス評価―アパレル小売業の事例―」『マーケティングジャーナル』42(1)，90-100.
2　リードユーザーネスの高さと開発プロセス（0＝企画開発職単独、1＝共創）の交互作用を確認した。売上数量、売上金額、新規性、戦略的重要性の全ての項目が5％水準で有意ではなかった。

終章
結論と今後の研究課題

1．全体のまとめ

　企業内におけるイノベーションを促進するためには、いかなる手法があるのであろうか。実務家と研究者の2つの顔を持つ筆者の問題意識から、「企業内リードユーザー」という概念に着目し、企業内に存在するリードユーザーによるイノベーションの解明を試みてきた。Schweisfurth（2012, 2017）により定義された企業内リードユーザーの研究に注目が集まる中で、実際の企業の豊富なデータを活用することで、さらに研究を一歩前に進めていくことが可能であると考えた。本書は、企業内リードユーザーの中でも小売店舗販売員リードユーザー発案製品の製品成果とその先行要因を明らかにすることが目的である。

　企業が新製品開発において、企業外のユーザーや消費者を巻き込み、魅力的なイノベーションを起こそうとする取り組みに関しての研究が行われてきた（von Hippel, 1976, 1978, 1988, 2016; 小川, 2013）。その中でも、魅力的なイノベーションを起こす可能性のあるユーザーであるリードユーザーに関して研究が蓄積されている。しかし、実務的には様々な課題があり、企業外に存在するリードユーザーを継続的に活用していくことは難しい側面がある（De Jong et al., 2015; Lüthje et al., 2005）。一方では、企業内にもリードユーザーの特徴を持った従業員が存在し、イノベーションに貢献していることが明らかになっており（Schweisfurth, 2017）、学術的にも、実務的にも注目を集めている。

　企業内リードユーザーに関する先行研究では、企業内リードユーザーが実際の企業において、どのように新製品開発に貢献しているかが明示されておらず、企業内リードユーザーの製品成果に関する研究が十分になされていないという課題がある。そこで本書では、実際の企業で行われている企業内リードユーザーとの共創による新製品開発を研究対象とした。その中でも顧客接点を持ち、顧客ニーズを認識している小売店舗販売員（Lages & Piercy, 2012）に着目し、企業内リードユーザー研究を定性、定量の両側面から、拡張することを試みた。**図表終-1**は、新製品開発のプロセスに対して、本書の研究との関係性を記したものである。

　本書で明らかになった点を、改めて章ごとにまとめておく。

終　章　結論と今後の研究課題　157

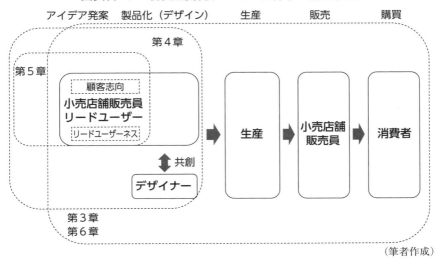

図表終-1　新製品開発プロセスと各章の研究範囲

（筆者作成）

　第１章では、実証分析の前段として、小売店舗販売員の創造性とイノベーションに関する理論的背景の整理を行った。まず、従業員の創造性とイノベーションの定義、従業員の創造性に影響を及ぼす要因においては、組織行動論の先行研究を概観し、整理を行った。その結果、イノベーションを起こすためには従業員の高い創造性が必要であること、従業員の創造性に影響を及ぼす要因として個人要因と文脈的要因が存在することの２点を確認した。続いて、小売店舗販売員の役割、小売店舗販売員の創造性とイノベーション、小売店舗販売員の創造性に影響を及ぼす要因に関して、組織行動論とサービス・マーケティングの理論を援用することで、全体像を把握することを試みた。その結果、小売店舗販売員の役割が多様化していること、サービス・エンカウンターによる顧客接点が重要であること、小売店舗販売員の創造性に影響を及ぼす要因として顧客要因があることが分かった。
　第２章では、企業内リードユーザー研究のこれまでの理論的な展開を確認するために、ユーザーイノベーション研究の変遷、ユーザーイノベーションの特徴、企業が活用するユーザーイノベーションの手法の先行研究レビューを行った。その後に、ユーザーイノベーション研究に内包されるリードユーザー研究

を確認した。さらに、本書の研究における理論的背景の本丸である企業内リードユーザー研究に関して、システマティックレビューを通じて、人に着目した企業内リードユーザーの特徴（リードユーザーの特徴、従業員の特徴、企業内リードユーザーが在籍する企業の製品領域と職種）、行動と結果に着目した企業内リードユーザーによるイノベーション（アイデアの創造、アイデアの実行）に整理を行った。

そして、第1章と第2章で既存研究を整理した結果、
「小売店舗販売員リードユーザーは企業でどのように新製品開発に貢献し、どのような成果を出しているのであろうか？」
という研究課題が浮かび上がった。

第3章では、研究対象であるUA社のGLRで行われている店舗販売員との共創による新製品開発に関する概要を確認した。まずは、店舗販売員との共創プロジェクト導入の背景を確認し、共創プロジェクトの概要をアイデア募集、アイデア評価、チーム編成、企画開発、販促、販売の6つのステップに分けて整理した。そして、共創プロジェクトにより開発された代表的な製品をいくつか確認した。

第4章では、実際に企業に所属する小売店舗販売員リードユーザーが新製品開発において、どのようにイノベーションに貢献しているかを明らかにすることを目的とした。実際に行われている小売店舗販売員リードユーザーを活用した新製品開発を対象に、グラウンデッド・セオリー・アプローチを用いて、探索的に研究を行った。

結果として、小売店舗販売員リードユーザーは、新製品開発のアイデア発案と製品化していく過程の2つの段階でイノベーションに貢献をしていることが明らかになった。まず、アイデア発案段階において、個人要因のリードユーザー特性を活かし、顧客要因の自身のニーズと顧客ニーズの融合を行っていることが分かった。小売店舗販売員リードユーザーは、リードユーザーの特徴である先進性と高便益期待を持ち合わせ（Franke et al., 2006）、その特性から自身のニーズに対するソリューションを発案する。さらに、小売店舗販売員として通常業務の顧客接点から対象顧客のニーズを把握し、自身のニーズと融合させている。次に、アイデアを製品化していく過程においては、小売店舗販売員

リードユーザーは、企画開発職と共創を行うことで製品化の精度を高めていると考えられる。企画開発職から技術的専門知識などのサポートを受け、製品化していく必要があるからである。小売店舗販売員リードユーザーは企業に所属していることで、企画開発職とコミュニケーションを取り、企業が保持するリソースを最大限活用して、製品化を行っている。

以上から、小売店舗販売員リードユーザーの新製品開発への貢献のプロセスを明示できたといえる。

第5章では、小売店舗販売員リードユーザーが発案したアイデア評価に影響を及ぼす要因の組み合わせを明らかにすることを目的とした。GLRにおける新製品アイデアコンテストを対象に、アイデアに影響を及ぼす組み合わせを確認することから、ファジィ集合質的比較分析（fsQCA）を用いて検証した。

第4章での定性研究と先行研究レビューから原因条件を設定し、分析を行った結果、以下の原因条件の組み合わせが明らかになった。まず、高い新規性の評価に影響を及ぼす条件として、高いリードユーザーネスと高い先行型顧客志向の組み合わせが挙げられる。小売店舗販売員リードユーザーの特徴として、先進性を持つ自身のニーズを解決する要素である高いリードユーザーネスと、潜在的な顧客ニーズに対する高い先行型顧客志向を併せ持つことで、新規性の高い新製品アイデア発案が可能になるということである。高い有用性の評価においては、高いリードユーザーネスと高い先行型顧客志向または高い反応型顧客志向の組み合わせが有効であることが分かった。

以上より、高いリードユーザーネスと高い先行型顧客志向または高い反応型顧客志向が必要であるという結論が得られ、小売店舗販売員リードユーザーの新製品開発の高いアイデア評価の先行要因が確認できたといえる。

第6章では、小売店舗販売員リードユーザーが発案した製品が実際の市場で高いパフォーマンスをするか否かを明らかにすること、高いパフォーマンスにつながる要因を明らかにすることが目的である。その目的を果たすために、グリーンレーベルリラクシングで行われている新製品開発プロジェクトで製品化され、実際に販売された製品の売上データを用いて実証研究を行った。結果として、高いリードユーザーネスが新製品の市場パフォーマンスに有意に正の影響を与え、さらに企画開発職との共創が同じく市場パフォーマンスに有意に正

の影響を与えることが明らかになった。つまり、企業内に存在するリードユーザーが開発した製品は、実際の市場において高いパフォーマンスを発揮する。さらに、小売店舗販売員リードユーザーと企画開発職による共創により具現化された製品は、企画開発職単独で開発された製品よりも、実際の市場で高いパフォーマンスをするということである。

　以上から、小売店舗販売員リードユーザーと企画開発職との共創により開発された製品は、実際の市場において高いパフォーマンスをすることが明らかになった。

　研究目的と研究課題に照らし合わせると、本研究の結果は以下の通りにまとめられる。小売店舗販売員リードユーザーは、リードユーザーの特徴と小売店舗販売員としての特徴を活用して新製品開発のアイデア発案段階と製品化していく過程においてイノベーションに貢献できる。小売店舗販売員リードユーザーが発案し、企画開発職との共創で具現化された製品は、市場におけるパフォーマンスが高いということである。つまり、小売店舗販売員リードユーザーは、企業が探索しやすく活用しやすい立場に存在し、所属する企業の扱う製品領域における先進性を持った自身のニーズと、業務から認識している顧客ニーズを結合しつつ、新製品のアイデア発案段階において貢献する。さらに、企業内に存在していることで新製品開発のプロセスに関与しやすく、企画開発職との共創により技術的な部分を補完しながら、新製品アイデアを具現化していく。この一連の流れで開発された新製品は魅力的なイノベーションにつながるということである。

2．理論的貢献

　理論的貢献は、企業内リードユーザー研究、小売店舗販売員に関する研究への貢献に分けられる。順を追って確認する。

2-1　企業内リードユーザー

　まずは、ユーザーイノベーションの研究潮流である企業内リードユーザー研究の既存研究を整理したのちに、拡張したことが挙げられる。Schweisfurth

(2012) が初めて「Embedded Lead Users」（組み込まれたリードユーザー）を概念化し、企業内に所属するリードユーザーに関する研究が注目を集めるようになった。企業外のリードユーザーに関して多数の研究が蓄積されていたが(Franke et al., 2006; Lilien et al., 2002; von Hippel, 1986)、企業内リードユーザーに関する研究は、比較的新しい研究領域であるために、実際に企業で行われている新製品開発を題材にした研究が少ないなど不十分であった。そこで、はじめに現時点で確認できる企業内リードユーザーに関する研究を体系的に整理した。そして、実際の企業で行われている製造小売業に所属する小売店舗販売員である企業内リードユーザーを活用した新製品開発を研究対象に、企業内リードユーザーの新製品開発におけるイノベーションへの貢献、アイデアの質に影響を及ぼす先行要因、市場でのパフォーマンス評価を明らかにすることによって、企業内リードユーザー研究を拡張することを目指した。

　結果として、企業内リードユーザーは個人要因であるリードユーザーネスや顧客志向、文脈的要因である企画開発職との共創、小売店舗販売員特有の顧客要因である顧客ニーズの融合によって、企業の新製品開発におけるイノベーションに貢献することを明らかにした。具体的には、企業内リードユーザーを測る尺度であるリードユーザーネスの先進性や高便益期待の高さが新製品開発プロセスに影響を及ぼすことを明らかにし、さらに高い顧客志向との組み合わせがアイデアの高い質に影響を及ぼすことを明らかにした。つまり、企業内リードユーザーとして自身の高いファッションへの興味関心からくるファッション領域における先進性がアイデアの質にプラスの影響を与え、さらに顧客ニーズを満たすことに注力する顧客志向により、そのアイデアがターゲットとする顧客の潜在的ニーズに即したものへと変換するものとして捉えることが可能である。

　さらに、企業内リードユーザー研究において、実際の市場におけるデータを使用し、検証したことが挙げられる。企業内リードユーザーの製品成果に関して、既存研究では従属変数がアイデアの質に対する評価という形で検証されている (Schweisfurth, 2017)。しかし、実際の企業における新製品開発で市場での成果が出ているかどうかが明らかになっておらず、実証として不十分であった。市場でのパフォーマンスデータは、企業からPOSデータなどの提供がなけ

れば不可能であるが、企業は情報漏洩などを懸念して提供には積極的ではないことが多く、データの取得が難しい。しかし、本研究は既存研究では明らかにされてこなかった企業内リードユーザー発案製品の市場でのパフォーマンスを、企業から提供された希少な実際の売上データをもとに評価した。この実際の市場データを用いたことは学術的に意義があり、今後の企業内リードユーザー研究の基軸となると考えられる。

　本書において、企業内リードユーザーの理論的背景を整理し、リードユーザーの特徴に加えて、従業員としてのイノベーションへの貢献やその要因を明示した。さらに、実際の売上データを用いて、パフォーマンス評価を明らかにすることで企業内リードユーザー研究を拡張したことは、ユーザーイノベーション研究の1つの潮流であるリードユーザー研究において大きな貢献である。

2-2　小売店舗販売員

　ユーザーイノベーション研究に属する企業内リードユーザー研究と、小売店舗販売員の創造性やイノベーションに関する既存研究、さらに、サービス・マーケティングに関する研究を接続したことも理論的貢献である。まず、本研究では、企業内リードユーザーの中でも小売店舗販売員に着目し、小売業の販売員の創造性とイノベーションを考察するために、小売店舗販売員の創造性とイノベーションに関する先行研究の枠組みを活用した。具体的には、小売店舗販売員の創造性やイノベーションに影響を及ぼす要因である個人要因、文脈的要因、顧客要因が、小売店舗販売員リードユーザーの新製品開発におけるアイデア発案に影響を及ぼす要因として、適合することを示唆した。さらに、従業員の創造性に関する研究は、経営学において組織行動論として研究が進んでいる（瀬良, 2019）。その組織行動論の理論を援用して、小売店舗販売員リードユーザーのイノベーションを考察したことは理論的価値が高いといえる。

　また、小売店舗販売員リードユーザーは、リードユーザーと小売店舗販売員の2つの特徴を併せ持つが、企業内リードユーザー研究では企業内における職種に関して考察した研究は渉猟しえた限り存在しない。その企業内における職種に着目し、中でも、小売店舗販売員の特徴に関して考察したことは学術的な意義があることである。さらに、小売業やサービス業のフロントライン従業員

の創造性に影響を及ぼす顧客志向という概念（Sousa & Coelho, 2011）に着目し、小売店舗販売員リードユーザーの創造性とイノベーションを考察した。本研究において、顧客志向を組織戦略や組織文化を実際に体現する従業員個人レベルで捉え、小売店舗販売員リードユーザーの創造性やイノベーションに影響を及ぼす要素として提示したことで、企業内リードユーザー研究と顧客志向に関する研究の橋渡しに貢献したといえる。

さらに、小売店舗販売員に関する役割の整理を行ったことも挙げられる。サービス・マーケティング領域において、小売店舗販売員の役割がサービス・エンカウンターにおける顧客接点の企業側の要として認識される。その顧客接点の要として、顧客にサービスを提供するだけでなく、新製品開発へのアイデア発案や製品化プロセスへの関与を明示したことは、サービス・マーケティング領域における理論的貢献として有益な示唆をもたらしているといえる。

3．実務的貢献

実務的貢献はマーケティングマネジメント、人材マネジメントの観点で述べる。順を追って確認する。

3-1　マーケティングマネジメント

マーケティングマネジメントにおいては、新製品開発における貢献と販売促進に関する貢献が挙げられる。

まず、企業内リードユーザーを活用して実際に行われている新製品開発を、企業内リードユーザー法として整理したことは実務的に有益な示唆をもたらしたといえる。これまで明らかになっていなかった企業内リードユーザーの実際の活用方法と、共創による新製品開発の詳細を調査したことは、新製品開発においてイノベーションを起こしたい企業にとって価値ある示唆を与えるものであるといえる。具体的には、小売店舗販売員リードユーザーはアイデアの発案段階、アイデアの製品化段階において貢献することが可能である。先進性の高い自身のニーズと顧客ニーズに適合した新製品アイデアを発案し、そのアイデアを企画開発部門との共創で製品化していく。製品化段階では、素材、デザイ

ン、仕様に関して企画開発部門から助言を受けながら決定していく。企業側からの見地で捉えると、可能な限りアイデア発案者である小売店舗販売員リードユーザーの意見を尊重しながら製品化していくことが重要である。さらに、本研究は製造小売業の事例ではあるが、製造機能を持たない小売業においても小売店舗販売員リードユーザーを貴重な経営資源として捉えることで、自社のプライベートブランド開発など垂直統合型のビジネスモデルへの転換を検討することが可能になると考えられる。

　次に、販売促進に関する貢献である（図表終-2）。小売店舗販売員リードユーザーは、新製品開発に関与すると同時に自身が開発に携わった製品の販売促進を行う。インターナル・マーケティングとして、共創プロジェクトの非参加販売員に対して製品開発の意図や製品の接客時に活用できるポイントなどを伝える。さらに、エクスターナル・マーケティングとして、SNSでターゲットとする顧客層に向けた情報発信を行うことや、EC上での販売画面において、自らがモデルとなってスタイリングを掲載することで、販売促進に貢献する。そして、インタラクティブ・マーケティングとして、実際の店舗において顧客に新製品の販売を行う。このように、企業が新製品開発の販売促進から販売に

図表終-2　小売店舗販売員リードユーザーの販売促進での貢献

（近藤（1997）をもとに筆者加筆修正）

至るマーケティング施策においても、小売店舗販売員リードユーザーは積極的に関与し、企業の成果に貢献することが可能である。企業のマーケティング施策における様々な場面において、小売店舗販売員リードユーザーを活用することでイノベーションを起こすことが可能であることを明示したことは、企業のマーケティングマネジメントに有益な示唆をもたらしているといえる。

3-2 人材マネジメント

本論文の人材マネジメントにおける実務的貢献は、企業内リードユーザーの活用を促進するものと、小売店舗販売員の役割の多様性に関するものに分けられる。

まず、企業が社内に存在する企業内リードユーザーの活用を促進する方向性を明示したことである。企業がリードユーザーを活用する際に障壁となる要因として、リードユーザーの探索の難易度が高いこと（von Hippel et al., 2009）、リードユーザーのアイデアが企業の望む市場規模がなくニッチである可能性があること（Hienerth, 2006）、リードユーザーを活用した製品開発にコストや労力がかかること（Lüthje et al., 2005）が挙げられる。一方では、企業内に存在するリードユーザーを活用することは、リードユーザーの探索においては自社内に存在するがゆえに難易度が低く、企業に所属しているがゆえに企業が求める市場規模を認識し、社内人材の活用であるため製品開発プロセスでのコストや労力も軽微であると考えられる。つまり、企業が新製品開発においてイノベーションを起こす上で、企業内リードユーザーの活用はコストや労力を加味しても有効であると考えられる。

また、製品成果を得るためには市場性の高い製品を開発することが重要であるが（Narver et al., 2004）、その市場性の高い製品は、多数の顧客ニーズに対応している必要があり、小売店舗販売員である企業内リードユーザーは、顧客接点から企業が対象とする多数の顧客のニーズを認識しているために、企業が求める市場規模に適したアイデアを出す可能性が高いと考えられる。さらに、企画開発職と共創することで実現可能性の高いアイデアへ精度を高めていく。すなわち、小売店舗販売員である企業内リードユーザーは、企業外のリードユーザーと比較して、実際の企業が活用しやすく、高い製品成果へつながるアイデ

アを出す可能性が高いといえる。本研究は、企業内リードユーザーのアイデア発案段階と製品化段階での貢献を明らかにし、製品成果の先行要因と、実際の市場での製品成果を明らかにすることで、企業が自社に存在するリードユーザーを活用する一助となったといえる。

次に、小売店舗販売員の役割の多様性を示唆したことが挙げられる。小売店舗販売員は、実際の店舗において販売業務と販売付帯業務を軸として、顧客に製品やサービスを提供している（Sharma, 2001）。その小売店舗販売員は、消費者としてその店舗や製品の利用経験による暗黙知と、職務経験から得られる暗黙知を持っている（横山, 2019）。つまり、小売店舗販売員リードユーザーは、リードユーザーの特徴である自身が先端の消費者として製品を利用することから得られる知識と、小売店舗販売員として顧客との接点を持ち、双方向でのコミュニケーションから得られる知識を所持している。本研究では、その小売店舗販売員リードユーザーに着目し、通常の販売業務だけではなく、先端のユーザーである自身のニーズと顧客接点から得られる知見をもとに、新製品開発に貢献していることを明らかにした。これは、小売店舗販売員をマネジメントする企業において、多様な人材活用という観点からも非常に重要な示唆を与えたといえる。さらに、小売店舗販売員リードユーザー自身の視点においても、企業の新製品開発に参加することにより、通常業務へのモチベーション向上などの副次的効果も発見された。小売店舗販売員は、通常業務である販売において得られた顧客のニーズ情報を活かして新製品開発を行うことで、自身の通常業務の貢献度を実感し、モチベーションが向上する。小売店舗販売員の役割が多様化していく中で、自身の使用経験と顧客接点で得られる知見を活用することでイノベーションを起こし、様々な業務に関わることで内発的動機付けがなされることは、小売業の店舗販売員の有効活用と生産性向上に貢献すると考えられる。

4．本研究の課題

本研究の限界と課題について述べる。

本研究にはいくつかの課題がある。まず、研究対象として単一事例であるこ

とが挙げられる。企業内に存在する企業内リードユーザーを活用して、新製品開発を行い、成果が出ている希少な事例とデータが入手できたことと、新しい研究領域のため明らかになっていない課題が多く、より深く掘り下げて課題にこたえることを目的としていることから、単一事例を研究対象とした（Eisenhardt & Graebner, 2007）。しかし、対象企業が1社であること、小売業の中でも製造小売業に限定されていること、製品領域がアパレル製品に限定されていることから特殊事例と解釈される可能性は否定できない。特に製品領域においては、既存研究においても実際の企業を研究対象に報告されているものは限定的な範囲にとどまっているという課題がある。理論を一般化していく上では、アパレル小売業の他社事例、アパレルに限定しない製品領域の小売店舗販売員の事例、小売店舗販売員以外の他の職種を対象にした事例などの多種多様な研究を行い、調査結果の信頼性と妥当性を確保することが必要である。さらに、企業内リードユーザーによるイノベーションの全貌を考察していく上では、大規模データを用いて一般性と代表性を確保した研究を行う必要性があると考えている。

　次に、小売店舗販売員リードユーザー発案製品の製品成果に影響を及ぼす先行要因の解明が不十分であることが挙げられる。企業内リードユーザーの特徴であるリードユーザーネスの高さがアイデア評価に正の影響を与えることが明らかになっているが、本研究ではアイデア発案段階では先行型顧客志向、製品化段階では企画開発職との共創が影響を及ぼすことを明らかにした。先行研究では、従業員であることにより、アイデアに制限が出るなど負の影響があることが示唆されており、企業外のリードユーザーと比較するとアイデア評価が低いとされる（Schweisfurth, 2017）。リードユーザーの特徴である自らがユーザーであるということが、企業に所属することで損なわれていく可能性が指摘されている（Schweisfurth, 2012）。本研究では、企業内リードユーザーのアイデアの比較をあくまで企業内での伝統的製品開発との対比で行っており、企業内に存在することによる負の影響の要因は未解決である。アイデア評価や市場での製品成果に正の影響を及ぼす他の要因と負の影響を及ぼす要因に関して、企業外のリードユーザーのアイデアと比較を行うことでメカニズムの解明につながると考えている。

最後に、小売店舗販売員リードユーザーの新製品開発におけるイノベーションに関して、本研究では製品成果のみに着目したが、イノベーションに影響を及ぼすその他の成果の研究が必要である。ユーザーイノベーション研究において、ユーザーと開発された製品の表示効果である発案者成果が明らかになっており（Nishikawa et al., 2017；岡田, 2019）、製品価値だけでなく、その製品の開発プロセスが消費者の購買意向に影響を及ぼすことが明らかになっている。企業内リードユーザー研究においても、企業内リードユーザーがオピニオンリーダーとして発案した製品の普及に関しても影響を及ぼしていることが明らかになっており（Schweisfurth & Herstatt, 2015）、企業外への製品を積極的に広めていく触媒としての機能やインフルエンサーとしての機能など製品成果だけではないプロモーション効果や発案者効果の影響度について議論していくことも可能であろう。

5．今後の展望

最後に、本研究の成果と課題から、今後の研究の展望について述べる（**図表終-3, 終-4**）。

まず、本研究は小売店舗販売員リードユーザーの製品成果に着目した研究であるが、小売店舗販売員リードユーザーが新製品開発のイノベーションに対するその他の成果を明らかにすることが期待される。本研究では、小売店舗販売員リードユーザーが、新製品開発プロセスにおいて、アイデア発案から製品化につながる流れの中で様々な貢献をしていることを明らかにした。しかし、自身が発案し、開発に関与した新製品の販売面における成果として発案者効果や販売促進効果を明らかにできていない。ユーザーイノベーション研究において、「お客様の声から生まれた」などの発案者表記が消費者の購買意向や選択意向に正の影響を与えることが明らかになっている（Nishikawa et al., 2017）。消費者がユーザー発案者表記により、発案者を自分と同一、または類似しているグループと感じること（Dahl, Fuchs, & Schreier, 2015; Liljedal & Berg, 2020）や製品品質が高いと認識すること（Nishikawa et al., 2017）、消費者はユーザーとその製品を開発した企業に対して顧客志向（Fuchs & Schreier, 2011）や革新性

終　章　結論と今後の研究課題　169

（Schreier, Fuchs, & Dahl, 2012）を感じることなどが要因とされている。小売店舗販売員リードユーザー発案製品においても、発案者が自身に近しい存在である小売店舗販売員であることにより、発案者効果の発案者に自己との類似性を感じることで、購買意向が高まる可能性がある（Dahl et al., 2015）。小売店舗販売員リードユーザーが発案したアイデアであることを表示することによる消費者への影響（＝発案者成果）や、小売店舗販売員リードユーザー自身が発案し、製品開発に関与した製品のプロモーションや販売面における効果（＝販売促進効果、推奨者効果）などの研究課題を解決することにより、新製品の開発から販売に至るまで幅広い領域で小売店舗販売員リードユーザーを活用していくことが可能となる。

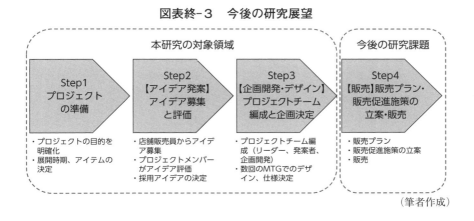

図表終-3　今後の研究展望

（筆者作成）

　次に、議論を活性化していく上で、幅広い製品領域の研究を行っていきたい。企業内リードユーザーに関する先行研究では、登山用品（Schweisfurth & Raasch, 2015）、ゲームハードウェア（Schweisfurth & Herstatt, 2015）、マウンテンバイク・オンラインゲーム（Schweisfurth & Raasch, 2020）、ゲーミングチェアやレコードプレイヤーなどのレジャー用品（Schweisfurth & Herstatt, 2016）など、趣味性が高く、製品への関与度が高いなどの製品領域で報告されている。製品領域を限定せず理論を一般化していく上では、大規模なサーベイを行い企業内リードユーザーや小売店舗販売員リードユーザーがどの程度の割合で存在

するかを明らかにしていく必要がある。さらに、サーベイで明らかになった製品領域において実際の企業を対象とした研究を行い、理論を一般化していきたい。また、物理的な製品についてだけでなく、サービス領域における新しい価値創出に着目した研究を行うことで企業内リードユーザー研究が拡張されていくことを想定している。

　現在では、消費者を製品開発プロセスに組み込みイノベーションを創出する消費者統合イノベーションを実践する企業が増えてきている。その消費者統合イノベーションにおいて、リードユーザーの資質を持った自社の従業員を活用し、イノベーションを起こすことは、日本国内における労働者人口が減少していく中で生産性を高めるという社会的な意義があると考えられる。企業内リードユーザー研究は、企業と消費者の両方の立場から考察していく必要があり、マーケティング領域におけるユーザーイノベーション研究と組織行動研究の知見を活用することが重要である。これらを念頭に置いて、実務的貢献を認識しながら、学術的な研究の更なる拡張を行っていきたい。

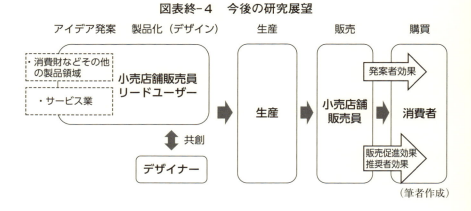

図表終-4　今後の研究展望

（筆者作成）

《あとがき》

　本書の執筆においては、多数の方々のご指導やご助言によって作成できたものであり、感謝したい。

　まずは、何よりも大学院在学時の指導教員であった西川英彦先生（法政大学教授）には、自身が大学院に進むきっかけをつくっていただき、修士課程から博士課程に至るまでご指導・ご鞭撻いただいたことを感謝している。研究面でのテクニカルな指導だけでなく、研究者としての姿勢や考え方なども懇切丁寧にご指導いただいた。特に、博士課程に進んだ後の査読論文の修正中に、ご多忙な中でも何度も個別に時間を作っていただきご助言をいただいたことは非常に感謝している。さらに、アパレル業界の実務家の先輩として、実務におけるご助言もいただいている。今日までの計り知れぬご恩に対して、この場をお借りして心から感謝を申し上げたい。

　横山斉理先生（法政大学教授）には、修士課程の指導教員としてご指導いただけだけでなく、博士課程に在籍中においても先生が在外研究というご多忙な中で、海外からご指導いただいたことを大変感謝している。また年齢が近いことから、いろいろとご相談させていただいた際にも懇切丁寧にご助言いただいたことに対して、改めてお礼を申し上げたい。法政大学経営学研究科の新倉貴士先生、田路則子先生、竹内淑恵先生、木村純子先生、長谷川翔平先生、猪狩良介先生（現・慶應義塾大学）にも、様々な角度からご助言をいただいたことに感謝したい。さらに、経営学研究科の大学院生の先輩、同期の皆さん、西川英彦研究室の岡田庄生さんをはじめとした先輩方や現役生の皆さんからはご助言をいただき感謝している。西川英彦研究室は、お互いに切磋琢磨でき刺激に富んだ場であった。特に、ゼミ終了後の懇親会では様々な研究談義を行い、楽しい思い出となっている。修士課程から博士課程までの5年間における様々な人々との出会い、それらの人々から刺激をいただいたことが何よりも財産となった。

　本書は、株式会社碩学舎から出版させていただいた。碩学舎の代表取締役である石井淳蔵先生（神戸大学名誉教授）、廣田章光先生（近畿大学教授）、取締役の清水信年先生（流通科学大学教授）、水越康介先生（東京都立大学教授）、

栗木契先生（神戸大学教授）、松井剛先生（一橋大学教授）には本書を執筆するにあたり貴重なアドバイスをいただき、この場を借りて御礼申し上げたい。また、水野学先生（日本大学教授）にはご多忙中、碩学舎の勉強会にて貴重なご助言をいただいたことを感謝している。

　学会では、東伸一先生（青山学院大学教授）、金雲鎬先生（日本大学教授）から鋭いご指摘と示唆に富むご指導をいただいたことに感謝を申し上げたい。

　本書には、3つの査読論文を改変したものが含まれている。第2章、第3章、第6章は日本マーケティング学会の学会誌である「マーケティングジャーナル」に、第4章は、同じくマーケティング学会の学会誌である「マーケティングレビュー」に掲載していただいた。学会誌のシニアエディターの先生、査読者の先生には貴重なご意見とご助言をいただき、この場をお借りして感謝したい。

　本書の出版にあたり、出身校の法政大学からは、2024年度法政大学大学院優秀博士論文出版助成金の助成を受けた。同助成のおかげで本書を刊行でき、法政大学には心からお礼を申し上げる。

　また、研究対象である株式会社ユナイテッドアローズの社員の方々にはデータ提供、資料提供、インタビューへの対応など様々なご協力をいただいたことにお礼を申し上げる。本書の出版に際しても、ご快諾いただいたことに感謝したい。筆者自身がユナイテッドアローズに所属し、日々の業務の中でメンバーと関わる中で本当に素晴らしい企業だと実感している。非常に優秀で人柄も良いメンバーが多く、常にお客様視点で物事を捉え、お客様に最高の価値提供を行うべく切磋琢磨している。小売店舗販売員リードユーザーの活用により、イノベーションを起こし続ける企業として今後の益々のご繁栄を祈念している。

　最後に、休日に研究に没頭してしまい、家族との時間を割いてあげられなかった妻・藍子と息子・朝海、夏仁にお詫びをすると同時に、5年間の大学院生活に理解を示し、応援してくれたことに心から感謝したい。自身の経験から得られた学ぶことの素晴らしさを2人の息子達に伝えたい。

参考文献

Afuah, A., & Tucci, C. L.(2012). Crowdsourcing as a solution to distant search. *Academy of Management Review* 37 (3), 355-375.

Agarwal, R., & Shah, S. K.(2014). Knowledge sources of entrepreneurship: Firm formation by academic, user and employee innovators. *Research Policy*, 43 (7), 1109-1133.

Amabile, T. M.(1983). The social psychology of creativity: A componential conceptualization. *Journal of. Personality and Social Psychology*, 45 (2), 357-376.

Amabile, T. M.(1988). A model of creativity and innovation in organizations. *Research in Organizational Behavior*, 10 (1), 123-167.

Amabile, T. M.(1996). *Creativity in context: Update to the social psychology of creativity.* Boulder, CO: Westview Press.

Amabile, T. M.(1998). How to kill creativity. *Harvard Business Review*, 76 (5), 76-87.

Amabile, T. M., Conti, R., Coon, H., Lazenby, J., & Herron, M.(1996). Assessing the work environment for creativity, *Academy of Management Journal*, 39 (5), 1154-84.

Amabile, T. M., & Gryskiewicz, S.(1987). *Creativity in the R&D laboratory. Technical Report 30.* Greensboro, NC: Center for Creative Leadership.

Amabile, T. M., Goldfarb, P., & Brackfield, S. C.(1990). Social influences on creativity: Evaluation, coaction, and surveillance. *Creativity Research Journal*, 34, 6-21.

Amabile, T. M., Mueller, J. S., Simpson, W. B., Hadley, C. N., Kramer, S. J., & Fleming, L.(2003). Time pressures and creativity in organizations: A longitudinal field study. *HBS Working Paper*, 02-073.

Anderson, N., Potočnik, K., & Zhou, J.(2014). Innovation and creativity in organizations: A state-of-the-science review, prospective commentary, and guiding framework. *Journal of Management*, 40 (5), 1297-1333.

Augsdorfer, P.(2005). Bootlegging and path dependency. *Research Policy*, 34 (1), 1-11.

Bagozzi, R. P., & Yi, Y.(1988). On the evaluation of structural equation models. *Journal of the Academy of Marketing Science*, 16 (1), 74-94.

Baldwin, C., Hienerth, C., & von Hippel, E.(2006). How user innovations become commercial products: A theoretical investigation and case study. *Research Policy*, 35 (9), 1291-1313.

Batey, M., & Furnham, A.(2006). Creativity, intelligence, and personality: A critical review of the scattered literature. *Genetic, Social, and General Psychology Monographs*, 132 (4), 355-429.

Bowen, D. E.(2016). The changing role of employees in service theory and practice: An interdisciplinary view. *Human Resource Management Review*, 26 (1), 4-13.

Bradonjic, P., Franke, N., & Lüthje, C.(2019). Decision-makers' underestimation of user innovation. *Research Policy*, 48 (6), 1354-1361.

Brem, A., Bilgram, V., & Gutstein, A.(2018). Involving lead users in innovation: a structured summary of research on the lead user method. *International Journal of Innovation and*

Technology Management, 15 (3), 1850022

Brown, T. J., Mowen, J. C., Todd Donavan, D., & Licata, J. W.(2002). The customer orientation of service workers: Personality trait effects on self-and supervisor performance ratings. *Journal of Marketing Research*, 39 (1), 110-119.

Burt, S., Dawson, J., & Larke, R.(2021). Inditex-ZARA Re-writing the rules in apparel retailing. In Dawson, J., Larke, R., & Mukoyama, M(Eds.), *Strategic Issues in International Retailing*(pp.71-90). Abingdon, UK:Routledge.

Cadwallader, S., Jarvis, C. B., Bitner, M. J., & Ostrom, A. L.(2010). Frontline employee motivation to participate in service innovation implementation. *Journal of the Academy of Marketing Science*, 38 (2), 219-239.

Carson, P. P., & Carson, K. D.(1993). Managing creativity enhancement through goal setting and feedback. *Journal of Creative Behavior*, 27, 36-45.

Churchill, J., von Hippel, E., & Sonnack, M.(2009). *Lead-user Project Handbook: A practical guide for lead-user teams*. Cambridge, MA: MIT Press.

Coelho, F., Augusto, M., & Lages, L. F.(2011). Contextual factors and the creativity of frontline employees: The mediating effects of role stress and intrinsic motivation. *Journal of Retailing*, 87 (1), 31-45.

Connor, T.(2007). Market orientation and performance. *Strategic Management Journal*, 28 (9), 957-959.

Costa, P. T., & McCrae, R. R.(1992). *Revised NEO Personality Inventory(NEO PI-R) and NEO Five-Factor Inventory (NEO-FFI) professional manual*. Odessa, FL: Psychological Assessment Resources.

Csikszentmihalyi, M.(1997). *Creativity: Flow and the psychology of discovery and invention*. New York: Harper Collins.

Czepiel, J. A., Solomon, M. R., Surprenant, C. F., & Gutman, E. G.(1985). *The service encounters: managing employee/customer interaction in service business*, Czepiel, J. A., Solomon, M. R., & Surprenant, C. F.(eds), Lexington.

Dahl, D. W., Fuchs, C., & Schreier, M.(2015). Why and when consumers prefer products of user- driven firms: A social identification account. *Management Science*, 61 (8), 1978-1988.

Dane, E.(2010). Reconsidering the trade-off between expertise and flexibility: A cognitive entrenchment perspective. *Academy of Management Review*, 35 (4), 579-603.

Day, G. S.(1994). The capabilities of market-driven organizations. *Journal of Marketing*, 58 (4), 37-52.

Deci, E. L., Connell, J. P., & Ryan, R. M.(1989). Self-determination in a work organization. *The Journal of Applied Psychology*, 74 (4), 580-590.

Deci, E. L., & Ryan, R. M.(1985). The general causality orientations scale: Self determination in personality. *Journal of Research in Personality*, 19, 109-134.

De Jong, J. P. J., von Hippel, E., Gault, F., Kuusisto, J., & Raasch, C.(2015). Market failure in the diffusion of consumer-developed innovations: Patterns in Finland. *Research Policy*, 44 (10), 1856-1865.

Del Bosco, B., Chierici, R., & Mazzucchelli, A. I.(2020). User entrepreneurship in the video game industry: The role of communities. *Journal of Small Business and Enterprise Development*, 27 (4), 681-701.

Donavan, D. T., Brown, T. J., & Mowen, J. C.(2004). Internal benefits of service worker-customer orientation: job satisfaction, commitment, and organizational citizenship behaviors. *Journal of Marketing*, 68 (1), 128-146.

Edmondson, A. C., & McManus, S. E.(2007). Methodological fit in management field research. *Academy of Management Review*, 32 (4), 1155-1179.

Eisenhardt, K. M. & Graebner, M. E.(2007) Theory building from cases: opportunities and challenges. *Academy of Management Journal*, 50, 25-32.

Fauchart, E., & Gruber, M.(2011). Darwinians, communitarians, and missionaries: The role of founder identity in entrepreneurship. *Academy of Management Journal*, 54 (5), 935-957.

Faullant, R., Schwarz, E. J., Krajger, I., & Breitenecker, R. J.(2012). Towards a comprehensive understanding of lead userness: The search for individual creativity. *Creativity and Innovation Management*, 21 (1), 76-92.

Feist, G. J.(1999). The influence of personality on artistic and scientific creativity. In R. Sternberg(Ed.), *Handbook of creativity*(pp.272-296). New York: Cambridge University Press.

Fiss, P. C.(2011). Building better causal theories: a fuzzy-set approach to typologies in organization research. *The Academy of Management Journal*, 54 (2), 393-420.

Fornell, C., & Larcker, D. F.(1981). Evaluating structural equation models with unobservable variables and measurement error. *Journal of Marketing Research*, 18 (1), 39.

Franke, N., Keinz, P., & Steger, C. J.(2009). Testing the value of customization: When do customers really prefer products tailored to their preferences? *Journal of Marketing*, 73 (5), 103-121.

Franke, N., & Lüthje, C.(2020). User innovation. In *Oxford research encyclopedia of business and management* (pp.1-32). Oxford University Press.

Franke, N., & Piller, F.(2004). Value creation by toolkits for user innovation and design: The case of the watch market. *Journal of Product Innovation Management*, 21 (6), 401-415.

Franke, N., & Schreier, M.(2008). Product uniqueness as a driver of customer utility in mass customization. *Marketing Letters*, 19 (2), 93-107.

Franke, N., & Shah, S.(2003). How communities support innovative activities: An exploration of assistance and sharing among end-users. *Research Policy*, 32 (1), 157-178.

Franke, N., Poetz, M. K., & Schreier, M.(2014). Integrating problem solvers from analogous markets in new product ideation. *Management Science*, 60 (4), 1063-1081.

Franke, N., von Hippel, E., & Schreier, M.(2006). Finding commercially attractive user innovations: A test of lead-user theory. *Journal of Product Innovation Management*, 23 (4), 301-315.

Frösén, J., Luoma, J., Jaakkola, M., Tikkanen, H., & Aspara, J.(2016). What counts versus what can be counted: The complex interplay of market orientation and marketing performance measurement. *Journal of Marketing*, 80 (3), 60-78.

Fuchs, C., Prandelli, E., & Schreier, M.(2010). The psychological effects of empowerment strategies on consumers' product demand. *Journal of Marketing*, 74 (1), 65-79.

Fuchs, C., & Schreier, M.(2011). Customer empowerment in new product development. *Journal of Product Innovation Management*, 28 (1), 17-32.

Füller, J., Mühlbacher, H., Matzler, K., & Jawecki, G.(2009). Consumer empowerment through Internet-based co-creation. *Journal of Management Information Systems*, 26 (3), 71-102.

Gamble, J. R., Brennan, M., & McAdam, R.(2019). A contemporary and systematic literature review of user-centric innovation: A consumer perspective. In A. Brem, J. Tidd, & T. Daim(Eds.). *Managing innovation: Understanding and motivating crowds* (Issue April) (pp.1-55). Singapore: World Scientific Publishing.

George, J. M., & Zhou, J.(2001). When openness to experience and conscientiousness are related to creative behavior: An interactional approach. *Journal of Applied Psychology*, 86, 513-524.

Ghasemzadeh, K., Bunjak, A., Bortoluzzi, G., & Cerne, M.(2021). Efficaciously smuggling ideas: untangling the relationship between entrepreneurial self-efficacy, creative bootlegging and embedded lead users. *International Journal of Innovation Management*, 25 (3), 2150032

Gioia, D. A., Corley, K. G., & Hamilton, A. L.(2013) Seeking qualitative rigor in inductive research: notes on the Gioia methodology. *Organizational Research Methods*, 16, 15-31.

Gough, H. G.(1979). A creative personality scale for the adjective check list. *Journal of Personality and Social Psychology*, 37 (8), 1398-1405.

Grewal, D., Levy, M., & Kumar, V.(2009). Customer Experience Management in Retailing: An Organizing Framework. *Journal of Retailing*, 85 (1), 1-14.

Grewal, R., Lilien, G. L., & Mallapragada, G.(2006). Location, location, location: How network embeddedness affects project success in open source systems. *Management Science*, 52 (7), 1043-1056.

Haefliger, S., Jäger, P., & Von Krogh, G.(2010). Under the radar: Industry entry by user entrepreneurs. *Research Policy*, 39 (9), 1198-1213.

Hair, J. F., Black, W. C., Babin, B. J., & Anderson, R. E.(2010). *Multivariate data analysis* (7th ed.). Upper Saddle River, NJ: Pearson Education International.

Hammond, M. M., Neff, N. L., Farr, J. L., Schwall, A. R., & Zhao, X.(2011). Predictors of individual-level innovation at work: A meta-analysis. *Psychology of Aesthetics, Creativity, and the Arts*, 5 (1), 90-105.

Harhoff, D., Henkel, J., & von Hippel, E.(2003). Profiting from voluntary information spillovers: How users benefit by freely revealing their innovations. *Research Policy*, 32 (10), 1753-1769.

Harrison, S. H., & Corley, K. G.(2011) Clean climbing, carabiners, and cultural cultivation: developing an open-systems perspective of culture. *Organization Science*, 22, 391-412.

Hartmann, M. R., & Hartmann, R. K.(2023). Hiding practices in employee-user innovation. *Research Policy*, 52 (4), 104728.

Herstatt, C., Schweisfurth, T., & Raasch, C.(2016). When passion meets profession: How embedded lead users contribute to corporate innovation. In D. Harhoff, & K. Lakhani (Eds.). *Revolutionizing innovation—Users, communities and open innovation* (pp.397-419). Cambridge: MIT Press.

Herstatt, C., & von Hippel, E.(1992). Developing new product concepts via the lead user method: A case study in a "low tech" field. *Journal of Product Innovation Management*, 9

(3), 213-221.
Hienerth, C.(2006). The commercialization of user innovations: The development of the rodeo kayak industry. *R and D Management*, 36 (3), 273-294.
Hyysalo, S.(2009). User innovation and everyday practices: Micro-innovation in sports industry development. *R and D Management*, 39 (3), 247-258.
Im, S., & Workman, J. P.(2004). Market orientation, creativity, and new product performance in high-technology firms. *Journal of Marketing*, 68 (2), 114-132.
Jensen, M. B., Hienerth, C., & Lettl, C.(2014). Forecasting the commercial attractiveness of user-generated designs using online data: An empirical study within the LEGO user community. *Journal of Product Innovation Management*, 31(S1), 75-93.
Jeppesen, L. B., & Frederiksen, L.(2006). Why do users contribute to firm-hosted user communities? the case of computer-controlled music instruments. *Organization Science*, 17 (1), 45-63.
Joshi, A. W.(2016). When does customer orientation hinder(Help) radical product innovation? The role of organizational rewards. *Journal of Product Innovation Management*, 33 (4), 435-454.
Kalogerakis, K., Lüthje, C., & Herstatt, C.(2010). Developing innovations based on. analogies: Experience from design and engineering consultants. *Journal of Product Innovation Management*, 27 (3), 418-436.
Karlsson, J., & Skålén, P.(2015). Exploring front-line employee contributions to service innovation. *European Journal of Marketing*, 49(9-10), 1346-1365.
Kirton, M. J.(1994). *Adaptors and innovators: Styles of creativity and problem solving* (2nd ed.). New York: Routledge.
Kohli, A. K., & Jaworski, B. J.(1990). Market orientation: The construct, research propositions, and managerial implications. *Journal of Marketing*, 54 (2), 1-18.
Kohli, A. K., & Jaworski, B. J.(2012). Market orientation: The construct, research propositions, and managerial implications. *Developing a Market Orientation*, 54 (2), 1-18.
Kotler, P., & Armstrong, G.(2014). *Principles of Marketing*(15th ed.). Upper Saddle River, NJ: Pearson.
Kratzer, J., Leenders, O. T. A. J., & Engelen, J. M. L. van.(2004). Stimulating the potential: creative performance and communication in innovation teams. *Creativity and Innovation Management*, 13 (1), 63-71.
Kratzer, J., Lettl, C., Franke, N., & Gloor, P. A.(2016). The social network position of lead users. *Journal of Product Innovation Management*, 33 (2), 201-216.
Kwon, K. N., Lee, M. H., & Kwon, Y. J.(2008). The effect of perceived product characteristics on private brand purchases. *Journal of Consumer Marketing*, 25 (2), 105-114.
Lages, C. R., & Piercy, N. F.(2012). Key drivers of frontline employee generation of ideas for customer service improvement. *Journal of Service Research*, 15 (2), 215-230.
Lakhani, K. R., & Wolf, R. G.(2005). Why hackers do what they do: Understanding motivation and effort in free/open source software projects. In J. Feller, B. Fitzgerald, S. Hissam, & K. R. Lakhani(Eds.), *Perspectives on free and open source software*. Cambridge, MA: MIT Press.
Leach, D. J., Wall, T. D. & Jackson, P. R. (2003). The Effect of empowerment on job

knowledge: An empirical test involving operators of complex technology. *Journal of Occupational and Organizational Psychology,* 76 (1), 27-52.

Lerner, J., & Tirole, J.(2002). Some simple economics of open source. *Journal of Industrial Economics,* 50 (2), 197-234.

Lilien, G. L., Morrison, P. D., Searls, K., Sonnack, M., & von Hippel, E(2002). Performance assessment of the lead user idea-generation process for new product development. *Management Science,* 48 (8), 1042-1059.

Liljedal, K. T., & Berg, H.(2020). Consumer responses to pictures of co-creating consumers. in marketing communications. *Journal of Consumer Marketing,* 37 (7), 775-784.

Locke, E. A., & Latham, G. P.(1990). *A theory of goal setting and task performance.* Englewood Cliffs, NJ: Prentice-Hall.

Lüthje, C.(2000). Characteristics of innovating users in a consumer goods field: An empirical study of sport-related product consumers. Working paper, MIT Sloan School of Management, Cambridge,

Lüthje, C.(2004). Characteristics of innovating users in a consumer goods field: An empirical study of sport-related product consumers. *Technovation,* 24, 683-695.

Lüthje, C., & Herstatt, C.(2004). The lead user method: An outline of empirical findings and issues for future research. *R and D Management,* 34 (5), 553-568.

Lüthje, C., Herstatt, C., & von Hippel, E.(2005). User-innovators and "local" information: The case of mountain biking. *Research Policy,* 34 (6), 951-965.

Madjar, N., Oldham, G. R., & Pratt, M. G.(2002). There's no place like home? The contributions of work and nonwork creativity support to employees' creative performance. *The Academy of Management Journal,* 45 (4), 757-767.

Madjar, N., & Ortiz-Walters, R.(2008). Customers as contributors and reliable evaluators of creativity in the service industry. *Journal of Organizational Behavior,* 29 (7), 949-966.

Miles, M. B., & Huberman, A. M.(1994) *Qualitative Data Analysis: An Expanded Sourcebook.* Thousand Oaks: Sage.

Maria Stock, R., Jong, A. de, & Zacharias, N. A.(2017). Frontline employees' innovative. service behavior as key to customer loyalty: insights into FLEs' resource gain spiral. *Journal of Product Innovation Management,* 34 (2), 223-245.

Morrison, P. D., Roberts, J. H., & Midgley, D. F.(2004). The nature of lead users and measurement of leading edge status. *Research Policy,* 33 (2), 351-362.

Morrison, P. D., Roberts, J. H., & von Hippel, E.(2000). Determinants of user innovation and innovation sharing in a local market. *Management Science,* 46 (12), 1513-1527.

Mumford, M. D., Scott, G. M., Gaddis, B., & Strange, J. M.(2002). Leading creative people: Orchestrating expertise and relationships. *The Leadership Quarterly,* 13, 705-750.

Narver, J., & Slater, S.(1990). The effect of a market orientation on business profitability. *Journal of Marketing,* 54 (3), 20-35.

Narver, J. C., Slater, S. F., & MacLachlan, D. L.(2004). Responsive and proactive market orientation and new-product success. *Journal of Product Innovation Management,* 21 (5), 334-347.

Nishikawa, H., Schreier, M., & Ogawa, S.(2013). User-generated versus designer-generated products: A performance assessment at Muji. *International Journal of Research in Mar-*

keting, 30 (2), 160-167.

Nishikawa, H., Schreier, M., Ogawa, S., & Fuchs, C. (2017). The value of marketing crowd sourced new products as such: Evidence from two randomized field experiments. *Journal of Marketing Research*, 54 (4), 525-539.

Nunnally, J. C. (1978). *Psychometric theory* (2nd ed.). New York: McGraw-Hill.

OECD/Eurostat. (2018). *Oslo Manual 2018: Guidelines for Collecting, Reporting and Using Data on Innovation* (4th ed.). Paris, Luxembourg: OECD Publishing.

Ogawa, S. (1998). Does sticky information affect the locus of innovation? Evidence from the Japanese convenience-store industry. *Research Policy*, 26 (7-8), 777-790.

Oldham, G. R., & Cummings, A. (1996). Employee creativity: Personal and contextual factors at work. *Academy of Management Journal*, 39 (3), 607-634.

Olson, E. L., & Bakke, G. (2001). Implementing the lead user method in a high technology firm: A longitudinal study of intentions versus actions. *Journal of Product Innovation Management*, 18 (6), 388-395.

Padma, P., & Wagenseil, U. (2018). Retail service excellence: antecedents and consequences. *International Journal of Retail and Distribution Management*, 46 (5), 422-441.

Parnes, S. J. (1964). Research on developing creative behavior. In C. W. Taylor (Ed.), *Widening horizons in creativity* (pp.145-169). New York: Wiley.

Poetz, M. K., & Schreier, M. (2012). The value of crowdsourcing: Can users really compete with professionals in generating new product ideas? *Journal of Product Innovation Management*, 29 (2), 245-256.

Ragin, C. C. (2008). *Redesigning Social Inquiry: Fuzzy Sets and Beyond*, Chicago and London: University of Chicago Press.

Rihoux, B., & Ragin, C. (2009). *Configurational Comparative Methods: Qualitative Comparative Analysis (QCA) and Related Techniques*. Sage Publications, Thousand Oaks, CA.

Rust, R. T. & Oliver, R. L. (Eds.) (1994). *Service Quality: New Directions in Theory and Practice*. Sage Publications, Thousand Oaks, CA.

Saxe, R. & Weitz, B. A. (1982). The SOCO scale: a measure of the customer orientation of salespeople. *Journal of Marketing Research*, 19 (3), 343-351.

Schiavone, F., Tutore, I., & Cucari, N. (2020). How digital user innovators become entrepreneurs: a sociomaterial analysis. *Technology Analysis and Strategic Management*, 32 (6), 683-696.

Schmidt-Keilich, M., & Schrader, U. (2019). Sustainability innovation by integrating employees: The potential of sustainable embedded lead users. *International Journal of Innovation and Sustainable Development*, 13 (1), 98-115.

Schreier, M., Fuchs, C., & Dahl, D. W. (2012). The innovation effect of user design: Exploring consumers' innovation perceptions of firms selling products designed by users. *Journal of Marketing*, 76 (5), 18-32.

Schreier, M., Oberhauser, S., & Prügl, R. (2007). Lead users and the adoption and diffusion of new products: Insights from two extreme sports communities. *Marketing Letters*, 18 (1-2), 15-30.

Schreier, M., & Prügl, R. (2008). Extending lead-user theory: Antecedents and consequences of consumers' lead userness. *Journal of Product Innovation Management*,

25 (4), 331-346.
Schweisfurth, T. G.(2012). *Embedded lead users inside the firm- How innovative user employees contibute to the corporate product innovation process.* Germany: Gabler Wiesbaden.
Schweisfurth, T. G.(2017). Comparing internal and external lead users as sources of innovation. *Research Policy*, 46 (1), 238- 248.
Schweisfurth, T. G., & Dharmawan, M. P.(2019). Does lead userness foster idea implementation and diffusion? A study of internal shopfloor users. *Research Policy*, 48 (1), 289-297.
Schweisfurth, T. G., & Herstatt, C.(2015). Embedded (lead) users as catalysts to product diffusion. *Creativity and Innovation Management*, 24 (1), 151-168.
Schweisfurth, T. G., & Herstatt, C.(2016). How internal users contribute to corporate product innovation: The case of embedded users. *R and D Management*, 46, 107-126.
Schweisfurth, T. G., & Raasch, C.(2015). Embedded lead users - The benefits of employing users for corporate innovation. *Research Policy*, 44 (1), 168-180.
Schweisfurth, T. G., & Raasch, C.(2020). Caught between the users and the firm: How does identity conflict affect employees' innovative behavior. *Creativity and Innovation Management*, 29 (3), 380-397.
Schweitzer, F., Van Den Hende, E. A., & Hultink, E. J.(2020). There's more than one perspective to take into account for successful customer integration into radical new product innovation: A framework and research agenda. *IEEE Transactions on Engineering Management*, 67 (3), 813-829.
Shah, S.(2000). Sources and patterns of innovation in a consumer products field: Innovations in sporting equipment. Sloan School of Management Working Paper, No. 4105.
Shah, S. K., & Corley, K. G.(2006). Building better theory by bridging the quantitative-qualitative divide. *Journal of Management Studies*, 43 (8), 1821-1835.
Shah, S. K., & Tripsas, M.(2007). The accidental entrepreneur: The emergent and collective process of user entrepreneurship. *Strategic Entrepreneurship Journal*, 1, 123-140.
Shalley, C. E.(1991). Effects of productivity goals, creativity goals, and personal discretion on individual creativity. *Journal of Applied Psychology*, 76, 179-185.
Shalley, C. E.(1995). Effects of coaction, expected evaluation, and goal setting on creativity and productivity. *Academy of Management Journal*, 38, 483-503.
Shalley, C. E., & Gilson, L. L.(2004). What leaders need to know: A review of social and contextual factors that can foster or hinder creativity. *Leadership Quarterly*, 15 (1), 33-53.
Shalley, C. E., & Perry-Smith, J. E.(2001). Effects of social-psychological factors on creative performance: The role of informational and controlling expected evaluation and modeling experience. *Organizational Behavior and Human Decision Processes*, 84, 1-22.
Shalley, C. E., Zhou, J., & Oldham, G. R.(2004). The effects of personal and contextual characteristics on creativity: Where should we go from here? *Journal of Management*, 30 (6), 933-958.
Sharma, A.(2001). Consumer decision-making, salespeople's adaptive selling and retail performance. *Journal of Business Research*, 54 (2), 125-129.

Sharma, A., Levy, M., & Kumar, A.(2000). Knowledge structures and retail sales performance: An empirical examination. *Journal of Retailing*, 76 (1), 53-69.
Shulga, L. V., Busser, J. A., & Bai, B.(2018). Factors affecting willingness to participate in consumer generated advertisement. *International Journal of Hospitality Management*, 74, 214-223.
Siguaw, J. A., Brown, G., & Widing, R. E.(1994). The influence of the market orientation of the firm on sales force behavior and attitudes. *Journal of Marketing Research*, 31 (1), 106-116.
Slater, S. F., & Narver, J. C.(1998). Customer-led and market-oriented: Let's not confuse the two. *Strategic Management Journal*, 19 (10), 1001-1006.
Sousa, C. M., & Coelho, F.(2011). From personal values to creativity: Evidence from frontline service employees. *European Journal of Marketing*, 45 (7), 1029-1050.
Stock, R. M., von Hippel, E., & Gillert, N. L.(2016). Impacts of personality traits on consumer innovation success. *Research Policy*, 45 (4), 757-769.
Strauss, A. L., & Corbin, J. M.(1990) *Basics of Qualitative Research: Grounded Theory Procedures and Techniques*. Thousand Oaks: Sage.
Tashakkori, A., & Creswell, J. W.(2007). The new era of mixed methods. *Journal of Mixed Methods Research*, 1 (1), 3-7.
Tashakkori, A., & Teddlie, C.(2003). *Handbook of mixed methods in social & behavioral research*. Thousand Oaks: Sage.
Teddlie, C., & Tashakkori, A.(2009). *Foundations of mixed methods research: Integrating quantitative and qualitative approaches in the social and behavioral sciences*. Sage. (土屋敦・八田太一・藤田みさお（訳）『混合研究法の基礎―社会・行動科学の量的・質的アプローチの統合』西村書店，2017年）
Tierney, P., Farmer, S. M., & Graen, G. B.(1999). An examination of leadership and employee creativity: The relevance of traits and relationships. *Personnel Psychology*, 52, 591-620.
Tsai, K. H., Chou, C., & Kuo, J. H.(2008). The curvilinear relationships between responsive and proactive market orientations and new product performance: A contingent link. *Industrial Marketing Management*, 37 (8), 884-894.
Urban, G. L., & von Hippel, E.(1988). Lead user analyses for the development of new industrial products. *Management Science*, 34 (5), 569-82.
Vargo, S. L., & Lusch, R. F.(2004). Evolving to a new dominant logic for marketing. *Journal of Marketing*, 68 (1), 1-23.
Vargo, S. L., & Lusch, R. F.(2008). Service-dominant logic: continuing the evolution. *Journal of the Academy of Marketing Science*, 36 (1), 1-10.
von Hippel, E.(1976). The dominant role of users in the scientific instrument innovation process. *Research Policy*, 5, 212-239.
von Hippel, E.(1977). Successful and failing internal corporate ventures: An empirical analysis. *Industrial Marketing Management*, 6 (3), 163-174.
von Hippel, E.(1986). Lead users: A source of novel product concepts. *Management Science*, 32 (7), 791-805.
von Hippel, E.(1988). *The Sources of Innovation*. New York: Oxford. University Press.(榊原

清則（訳）『イノベーションの源泉：真のイノベーターは誰だ』ダイヤモンド社, 1991年）
von Hippel, E.(1994). "Sticky Information" and the locus of problem solving: Implications for innovation. *Management Science*, 40(4), 429-440.
von Hippel, E.(1998). Economics of product development by users: The impact of "sticky" local information. *Management Science*, 44(5), 629-644.
von Hippel, E.(2001). Perspective: User toolkits for innovation. *Journal of Product Innovation Management*, 18(4), 247-257.
von Hippel, E.(2005). *Democratizing Innovation*. Cambridge, MA：MIT Press.(サイコム・インターナショナル（訳）『民主化するイノベーションの時代』ファーストプレス社, 2006年）
von Hippel, E.(2017). *Free innovation*. Cambridge, MA：The MIT Press.(鷲田祐一（監修・訳），古江奈々美・北浦さおり・グェン・フォン・バオ・チャウ（訳）『フリーイノベーション』白桃書房, 2019年）
von Hippel, E., & Finkelstein, S. N.(1979). Analysis of innovation in automated clinical chemistry analyzers. *Science & Public Policy*, 6(1), 24-37.
von Hippel, E., De Jong, J. P. J., & Flowers, S.(2012). Comparing business and household sector innovation in consumer products: Findings from a representative study in the United Kingdom. *Management Science*, 58(9), 1669-1681.
von Hippel, E., Franke, N., & Prügl, R.(2009). Pyramiding: Efficient search for rare subjects. *Research Policy*, 38(9), 1397-1406.
von Hippel, E., Ogawa, S., & de Jong, J. P. J.(2011). The age of the consumer innovator. *Sloan Management Review*, 53(1), 27-35.
von Hippel, E., Thomke, S., & Sonnack, M.(1999). Creating breakthroughs at 3M. *Harvard Business Review*, 77(5), 47-57, 183.
Wadell, C., Sandström, G. Ö., Björk, J., & Magnusson, M.(2013). Exploring the incorporation of users in an innovating business unit. *International Journal of Technology Management*, 61(3-4), 293-308.
Watanabe, Y., & Nishikawa, H. (2024). Innovation by retail store salespersons: Co-creation project. in united arrows. *Quarterly Journal of Marketing*, 44(2), 182-189.
Watts, D. J. & Dodds, P. S.(2007). Influentials, networks, and public opinion formation. *Journal of Consumer Research*, 34(4), 441-458.
Webster, J., & Watson, R. T.(2002). Analyzing the past to prepare for the future: Writing a literature review. *MIS Quarterly*, 26(2), xiii-xxiii.
West, M. A., & Farr, J. L.(1990). Innovation at work. In M. West & J. Farr(Eds.). *Innovation and creativity at work: Psychological and organizational strategies*(pp.3-13). Chichester, England: Wiley.
Wilder, K. M., Collier, J. E., & Barnes, D. C.(2014). Tailoring to customers' needs: Understanding how to promote an adaptive service experience with frontline employees. *Journal of Service Research*, 17(4), 446-459.
Woodman, R. W., Sawyer, J. E., & Griffin, R. W.(1993). Toward a theory of organizational creativity. *Academy of Management Review*, 18, 293-321.
Wu, W. Y., & Sukoco, B. M.(2010). Why should I share? Examining consumer motives and trust on knowledge sharing. *Journal of Computer Information Systems*, 50(4), 11-19.
Yu, X.(2021). Differences between end user innovators and embedded user innovators in

diffusion channel selection: the moderating role of technological advances. *European Journal of Innovation Management*, 25 (4), 997-1036.

Yu, X., Kohlbacher, F., & Ogawa, S. (2020). How a user innovation origin affects firms' subsequent innovation performance: the case of Japan's fishing tackle industry. *Innovation: Organization and Management*, 22 (2), 160-192.

Zhou, J. (1998). Feedback valence, feedback style, task autonomy, and achievement orientation: Interactive effects of creative performance. *Journal of Applied Psychology*, 83, 261-276.

Zhou, J., & Oldham, G. R. (2001). Enhancing creative performance: Effects of expected developmental assessment strategies and creative personality. *Journal of Creative Behavior*, 35, 151-167.

Zhou, J., & Shalley, C. E. (2003). Research on employee creativity: A critical review and directions for future research. In J. J. Martocchio & G. Ferris (Eds.), *Research in personnel and human resource management* (pp.165-217). Oxford, England: Elsevier.

Zhu, J. J., Li, S. Y., & Andrews, M. (2017). Ideator expertise and cocreator inputs in crowdsourcing-based new product development. *Journal of Product Innovation Management*, 34 (5), 598-616.

岡田庄生（2019）.「ユーザー創造製品の発案者効果」『マーケティングジャーナル』39 (2), 61-67.

小川進（2013）.『ユーザーイノベーション―消費者から始まるものづくりの未来』東洋経済新報社.

近藤隆雄（1997）.「サービス・マーケティング・ミックスと顧客価値の創造」『経営・情報研究 多摩大学研究紀要』1 (3), 65-81.

近藤隆雄（1999）.『サービス・マーケティング―サービス商品の開発と顧客価値の創造―』生産性出版.

近藤隆雄（2012）.『サービス・イノベーションの理論と方法』生産性出版.

戈木クレイグヒル滋子（2016）.『グラウンデッド・セオリー・アプローチ 改訂版 理論を生み出すまで』新曜社.

酒井大輔（2020）.『ワークマンは商品を変えずに売り方を変えただけでなぜ2倍売れたのか』日経BP社.

清水信年（2019）.「小売店舗販売員によるユーザーイノベーション」『マーケティングジャーナル』39 (2), 49-60.

瀬良兼司（2019）.「サービス・フロントライン従業員の創造性に関する研究の現状と今後の課題」『マーケティングジャーナル』39 (1), 88-96.

滝澤美帆・宮川大介（2018）.「産業別労働生産性の国際比較：水準とダイナミクス」『RIETI Policy Discussion Paper Series』18-p.7.

富島公彦（2015）.『ユナイテッドアローズ 日本一お客様に喜ばれる販売員の話』講談社ビーシー・講談社.

西川英彦（2020）.「新製品開発クラウドソーシングがもたらす複合的成果」『組織科学』54 (2), 4-15.

平井秀樹（2016）.「「SPA論」に関する一考察」『経済科学研究』13, 25-36.

Forbes JAPAN（2023）.「インフルエンサーより「カリスマ店員」ECの商機は地方にこそあ

る」『Forbes JAPAN』8月21日 https://forbesjapan.com/articles/detail/65288

深尾京司・池内健太・滝澤美帆（2018）「質を調整した日米サービス産業の労働生産性水準比較」『生産性レポート（Vol. 6）』日本生産性本部.

本條晴一郎（2016）.「リードユーザー」『マーケティングジャーナル』35 (4), 150-168.

本條晴一郎（2018）.「ユーザーイノベーションを前提とした製品開発──コミュニティとネットワークの分解」『AD　STUDIES』65, 28-34.

宮下雄治（2011）.「PBに対する消費者の知覚リスクと商品評価」『マーケティングジャーナル』30 (4), 80-96.

矢野経済研究所（2023）.「環境省　令和4年度循環型ファッションの推進方策に関する調査業務──マテリアルフロー──」.

山井太（2021）.『スノーピーク「好きなことだけ！」を仕事にする経営』日経BP社.

United Arrows (2024a).「経営理念／企業概要」. Retrieved from
　https://www.united-arrows.co.jp/about/philosophy/（April 25, 2024）

United Arrows (2024b).「行動規範／企業概要」
　https://www.united-arrows.co.jp/about/our-values/（April 25, 2024）

United Arrows (2024c).「COLUMNS／UAコラム」
　https://store.united-arrows.co.jp/ua_columns/news/by/1396（April 25, 2024）

横山斉理（2017）.「食品スーパーにおける顧客満足の規定要因：fsQCAアプローチ」『組織科学』51 (2), 14-27.

横山斉理（2019）.『小売構造ダイナミクス』有斐閣.

渡邉裕也（2022a）.「企業内リードユーザー」『マーケティングジャーナル』41 (4), 71-79.

渡邉裕也（2022b）.「企業内リードユーザー発案製品のパフォーマンス評価」『マーケティングジャーナル』42 (1), 90-100.

渡邉裕也（2023）.「企業内リードユーザーによるイノベーション──小売店舗販売員との共創による新製品開発──」『マーケティングレビュー』4 (1), 18-24.

索　引

■あ 行■

アイデアの実行 ……………………………… 55
アイデアの創造 ……………………………… 55
アパレル小売業 ………………………… 63, 68
アパレル製品 ………………………………… 70
イノベーション ………………… 5, 19, 85, 157
因果関係の非対称性 ……………………… 122
インターナル・マーケティング …… 31, 164
インタラクティブ・マーケティング
　……………………………………… 31, 164
埋め込まれたリードユーザー ……… 47, 70
エクスターナル・マーケティング‥ 31, 164
SPA（Speciality store retailer of Private
　label Apparel）………………………… 62, 65
エンパワーメント …………………… 28, 36
オピニオンリーダー ………………… 51, 57
オピニオンリーダーシップ ……………… 51

■か 行■

革新性 ……………………………………… 168
完備真理表 ………………………………… 123
企業内リードユーザー …… 3, 4, 7, 38, 47, 48,
　49, 70, 77, 137, 150, 156
技術的専門知識 …………………………… 120
キャリブレーション（calibration：較正）
　……………………………………………… 122
共創 …………………………… 139, 151, 159
共創プロジェクト ……… 64, 69, 70, 142, 158
共創プロセス ……………………………… 93
グッズ・ドミナント・ロジック ………… 30
組み込まれたリードユーザー
　（Embedded Lead Users）……………… 137

クラウドソーシング法 …………………… 43
グラウンデッド・セオリー・アプローチ
　…………………………… 10, 14, 88, 158
ケーススタディ …………………………… 87
顕在型のニーズ …………………………… 117
高便益期待 …… 46, 50, 70, 92, 120, 135, 142
小売業 ………………………………… 62, 68
小売店舗販売員 ………… 4, 8, 25, 62, 162
小売店舗販売員リードユーザー … 4, 9, 53,
　77, 150, 156
顧客志向 ………………… 33, 117, 118, 161, 168
顧客接点 …………………………… 32, 95, 157
顧客ニーズ ………………… 8, 26, 32, 69, 95
顧客要因 …… 32, 35, 85, 86, 90, 95, 98, 158,
　161
個人要因 …… 19, 20, 21, 35, 85, 85, 90, 90, 98,
　158, 161
混合研究法 ………………………………… 9

■さ 行■

サービス・エンカウンター … 26, 30, 32, 35,
　85, 157
サービス・デリバリー …………………… 29
サービス・ドミナント・ロジック ……… 30
サービス・プロダクト …………………… 29
サービス・マーケティング ………… 11, 28
サービス・マーケティング体系 ………… 31
サービス環境 ……………………………… 29
市場志向 …………………………………… 117
システマティックレビュー ………… 49, 158
実証研究 …………………………………… 159
質的研究 …………………………………… 10
社内アイデアコンテスト ……………… 152

従業員ユーザーイノベーション ……… 47
集合論的アプローチ ……………………… 122
十分条件 ……………………………………… 122
情報の粘着性 ……………………………… 134
人材・組織マネジメント ………………… 11
人材マネジメント ………………………… 165
新製品開発 …………………………………… 7
真理値表分析 ……………………………… 123
製造小売業 …………………………… 65, 70
製品改良 ……………………………………… 7
製品成果 ………………………………… 11, 43
先行型顧客志向 ……………………… 120, 159
先行型市場志向 …………………………… 118
潜在型のニーズ …………………………… 117
先進性 …………… 45, 50, 70, 91, 120, 135, 142
創造性 …………………………………… 19, 85, 157
組織行動論 ……………………… 3, 18, 20, 157
ソリューション情報 ……………… 3, 39, 52

■た 行■
ツールキット法 …………………………… 44
伝統的製品開発 …………………………… 134
等価性 ……………………………………… 122

■な 行■
内発的動機付け ………………………… 23, 86
ニーズ情報 …………………………… 3, 39, 52
粘着性 ………………………………… 6, 26, 41

■は 行■
発案者効果 ………………………………… 168
反応型顧客志向 …………………………… 120
反応型市場志向 …………………………… 118
ビジネス・イノベーション …………… 5, 20
ビジネス・プロセス・イノベーション …… 5

必要条件 ……………………………………… 122
ピラミッディング ………………… 46, 129
ファジィ集合質的比較分析（fsQCA）
　…………………………… 10, 14, 115, 122, 159
プライベートブランド …………… 62, 68, 82
フリー・イノベーション ………………… 40
プロセス成果 ……………………………… 43
プロダクト・イノベーション ………… 5, 20
フロントライン従業員 …………………… 8
文脈的要因 …… 19, 21, 22, 35, 85, 86, 90, 93, 99, 161

■ま 行■
マーケティングマネジメント ………… 163
マススクリーニング ……………………… 46
モノ・プロダクト ………………………… 29

■や 行■
ユーザーアントレプレナー ……………… 65
ユーザーアントレプレナーシップ ……… 65
ユーザーイノベーション ……………… 3, 39
ユーザー起業家 …………………… 45, 53, 58, 65
ユーザーコミュニティ ………………… 45

■ら 行■
ラベル成果 ………………………………… 43
リーディング・エッジ・ステータス …… 50
リードユーザー …………… 4, 45, 45, 135, 156
リードユーザーネス ……… 50, 115, 135, 146
リードユーザー法 ………… 6, 40, 45, 46, 136
リサーチ・クエスチョン ………………… 9
量的研究 ……………………………………… 10
理論的サンプリング ……………………… 90
ローカル知識 ……………………………… 42

著者紹介

渡邉　裕也（わたなべ・ゆうや）
株式会社ユナイテッドアローズ　G_LR本部　ウィメンズ商品部部長
法政大学イノベーション・マネジメント研究センター　客員研究員
博士（経営学）法政大学
中小企業診断士

1977年鳥取県倉吉市生まれ。2000年、明治大学文学部卒。アパレルメーカーでマーチャンダイザーとして活躍し、現在は株式会社ユナイテッドアローズにて中核ブランドであるグリーンレーベルリラクシングの商品開発部門の責任者として従事。アパレル製品の製品開発、マーチャンダイジング、マーケティングに長年携わる。2021年、法政大学大学院経営学研究科修士課程修了。2024年、同博士後期課程修了。主な受賞歴として、日本マーケティング学会 マーケティングカンファレンス2022 ベストドクトラルペーパー賞、日本消費者行動研究学会 第65回消費者行動研究コンファレンス 樫尾俊雄論文プロポーザル賞 優秀賞、第8回碩学舎賞研究プロポーザル 優秀賞がある。

碩学叢書

企業内リードユーザー
―小売店舗販売員がもたらすイノベーションの解明―

2025年3月15日　第1版第1刷発行

著　者　渡邉裕也
発行者　石井淳蔵
発行所　㈱碩学舎
　　　　〒101-0052 東京都千代田区神田小川町2-1 木村ビル10F
　　　　TEL 0120-778-079　FAX 03-5577-4624
　　　　E-mail info@sekigakusha.com
　　　　URL http://www.sekigakusha.com
発売元　㈱中央経済グループパブリッシング
　　　　〒101-0051 東京都千代田区神田神保町1-35
　　　　TEL 03-3293-3381　FAX 03-3291-4437
印　刷　㈱堀内印刷所
製　本　誠製本㈱

Ⓒ 2025 Printed in Japan

＊落丁、乱丁本は、送料発売元負担にてお取り替えいたします。

ISBN978-4-502-52721-0　C3034

JCOPY 〈出版者著作権管理機構委託出版物〉本書を無断で複写複製（コピー）することは、著作権法上の例外を除き、禁じられています。本書をコピーされる場合は事前に出版者著作権管理機構（JCOPY）の許諾を受けてください。
JCOPY 〈https://www.jcopy.or.jp　eメール：info@jcopy.or.jp〉

楽しく読めて基本が身につく好評テキストシリーズ！

1からの経営学 加護野忠男・吉村典久【編著】	1からの経営史 宮本又郎・岡部桂史・平野恭平【編著】
1からのアントレプレナーシップ 山田幸三・江島由裕【編著】	1からの戦略論 嶋口充輝・内田和成・黒岩健一郎【編著】
1からの人的資源管理 西村孝史・島貫智行・西岡由美【編著】	1からのマーケティング 石井淳蔵・廣田章光・清水信年【編著】
1からのマーケティング・デザイン 石井淳蔵・廣田章光・坂田隆文【編著】	1からのデジタル・マーケティング 西川英彦・澁谷 覚【編著】
1からの消費者行動 松井 剛・西川英彦【編著】	1からのマーケティング分析 恩藏直人・冨田健司【編著】
1からのデータ分析 古川一郎・上原 渉【編著】	1からのブランド経営 石井淳蔵・廣田章光【編著】
1からのグローバル・マーケティング 小田部正明・栗木 契・太田一樹【編著】	1からの商品企画 西川英彦・廣田章光【編著】
1からの流通論 石原武政・竹村正明・細井謙一【編著】	1からの流通システム 崔 相鐵・岸本徹也【編著】
1からのリテール・マネジメント 清水信年・坂田隆文【編著】	1からの観光事業論 髙橋一夫・柏木千春【編著】
1からの観光 髙橋一夫・大津正和・吉田順一【編著】	1からのサービス経営 伊藤宗彦・髙室裕史【編著】
1からのデジタル経営 伊藤宗彦・松尾博文・富田純一【編著】	1からの会計 谷 武幸・桜井久勝・北川教央【編著】
1からの管理会計 國部克彦・大西 靖・東田 明【編著】	1からのファイナンス 榊原茂樹・岡田克彦【編著】
1からの経済学 中谷 武・中村 保【編著】	1からの病院経営 木村憲洋・的場匡亮・川上智子【編著】

発行所：碩学舎　発売元：中央経済社